精选实用法律常识
看图一点通

维权帮 著

中国法制出版社
CHINA LEGAL PUBLISHING HOUSE

图书在版编目（CIP）数据

精选实用法律常识看图一点通 / 维权帮著. —北京：中国法制出版社，2020.12（2025.12 重印）
（看图学法）
ISBN 978－7－5216－1432－9

Ⅰ.①精…　Ⅱ.①维…　Ⅲ.①法律－中国－图解
Ⅳ.①D92－64

中国版本图书馆 CIP 数据核字（2020）第 220409 号

策划编辑：杨　智（yangzhibnulaw@126.com）
责任编辑：周熔希　　封面设计：杨泽江

精选实用法律常识看图一点通
JINGXUAN SHIYONG FALÜ CHANGSHI KAN TU YIDIANTONG

著者/维权帮
经销/新华书店
印刷/北京虎彩文化传播有限公司
开本/880 毫米×1230 毫米　32 开　　印张/7.75　字数/201 千
版次/2020 年 12 月第 1 版　　2025 年 12 月第 2 次印刷

中国法制出版社出版
书号 ISBN 978－7－5216－1432－9　　定价：35.00 元

北京市西城区西便门西里甲 16 号西便门办公区
邮政编码：100053　　传真：010－63141600
网址：http：//www.zgfzs.com　　**编辑部电话：010－63141837**
市场营销部电话：010－63141612　　**总编室电话：010－63141606**

致亲爱的读者

人的一生，不可避免地会遇到很多法律问题。衣食住行、婚姻继承、劳动就业……各个领域都蕴含着无尽的法律问题。但现实生活中，不少公民却法律意识淡薄，对一些关乎自身利益的法律知识一无所知或者一知半解。不懂法的结果就是：吃亏了都不知道怎么回事，被告上法庭还不知道自己错在哪儿，受了窝囊气却不知道如何维护权益，让公司辞退了不知道怎样据理力争……

学习法律，是一件利人利己的事。随着2020年我国《民法典》的出台，全国上下掀起了一股学习法律的高潮，让法律服务生活、让法律规范秩序、让法律服务你我成为大众看待法律的新视角。越来越多的人愿意关注法律、依法办事和维权。

在此，为了帮助读者知法、懂法，进而更好地守法、用法，依法办事和维权，我们编写了“看图一点通”系列，本系列丛书的主要特色如下：

一、兼具全面性与时代性

丛书以读者的生活、工作、学习为出发点，设置了若干分册，基本覆盖了各领域的法律知识点，极具全面性；并且，丛书围绕如《民法典》《土地管理法》等新颁布或修正的法律，结合当前社会生活实际，提炼了大量“热点问题”，具有很强的现实意义，相信一定能给读者以代入感，从而激发读者学法的积极性。

二、大众能够看得懂

百姓不懂法，很大程度上是由于法律条文和法律图书枯燥难懂。本丛书尽力避免法律图书严谨有余而通俗不足的通病，将原本枯燥难懂的法律知识用短小、简单的案例表现出来。案情介绍简洁流畅，法律讲堂切中要害，对法律知识的解说深入浅出，避免使用艰深的法律术语，行文通俗，贴近百姓生活。同时，本丛书配有一些辅助理解的场景插画，能让读者朋友们轻轻松松读懂法律。

三、读者一定能用得上

丛书的每一个分册都涵盖了与该领域相关的重要、常用的法律知识，选取的多是典型的真实案例。而法律讲堂部分给出的结论一般是法院通行的判决结果，并附有对应的法律条文依据。读者可以从中查询更多、收获更多。

四、方便阅读与检索

遇到法律问题后，读者朋友可以直接通过查询本书目录，找到相关问题，查看相关案例和点评，找到法律依据，还可以随用随查一部分文书范本。本丛书就像是读者朋友的“私人法律顾问”，遇到法律问题“照方抓药”即可。

五、纠纷能得到顺利合理解决

丛书所选问题常见多发，所选案例典型常见，法律讲堂切中要点，法律依据来源准确，文书范本随用随查，还有“私人法律顾问”般的善意提醒和诉讼指导。有了这一切，相信您的麻烦和纠纷一定能得到顺利合理解决，您的烦恼也会一去不复返！

目录

第1章 日常消费

第2章 食品安全

第3章 婚姻家庭

第4章 买房置业

第5章 房屋租赁

第 6 章 看病就医

第1章 日常消费

1. 网店秒杀价与结算价不一致，以哪个为准？

案例背景

苏某在某电商平台看到某店铺首页的广告“商务办公手提电脑到手价3999元”后，点击链接进入，页面显示该笔记本电脑单价为4399元，但在笔记本电脑下方写着“到手价3999元（关注店铺有惊喜，到货返差价）”。苏某在关注该店铺后，下单购买了该笔记本电脑，支付4399元，并于第二天收到发票和笔记本电脑。苏某看到发票显示自己购买的笔记本电脑价格为4399元，认为自己受到了欺骗，将店铺告上了法院。法院认为，网店应当向消费者传递准确的价格信息，因网店自身原因导致价格出现矛盾的，应当由其承担后果，因此判决该店铺返还苏某购买笔记本电脑的差价。

学法有疑

网店秒杀价与结算价不一致，以哪个为准？

法律讲堂

根据《消费者权益保护法》第八条和第二十条的规定，经营者应当真实、全面地向消费者提供有关商品或者服务的质量、性能、用途、有效期限等信息，不得作虚假或者引人误解的宣传。网店在经营过程中，应当专业、审慎地发布商品信息，避免误导消费者。出现信息矛盾时，也应立即提醒消费者。经营者因为自己的过失造成商品信息矛盾，没有及时提示并予以纠正的，应当承担相应的不利后果。

本案中，由于网店在店铺的显眼位置进行促销宣传，因此苏某虽然在商品详情和支付页面以4399元的价格进行结算，但是在看到该店铺首页宣传到手价3999元后，其可以认为该笔记本电脑将通过返现等优惠方式最终以3999元成交。法院依据《消费者权益保护法》的规定，判决该店铺返还苏某购买笔记本电脑的差价，合理合法。此外，如果是网店故意误导买家，导致秒杀价与实际结算价不一致的，可以认定网店存在欺诈行为，买家可以根据《消费者权益保护法》第五十五条第一款的规定要求其承担赔偿责任。

法律条文

《中华人民共和国消费者权益保护法》

第八条 消费者享有知悉其购买、使用的商品或者接受的服务的真实情况的权利。

消费者有权根据商品或者服务的不同情况，要求经营者提供商品的价格、产地、生产者、用途、性能、规格、等级、主要成份、生产日期、有效期限、检验合格证明、使用方法说明书、售后服务，或者服务的内容、规格、费用等有关情况。

第二十条 经营者向消费者提供有关商品或者服务的质量、性能、用途、有效期限等信息，应当真实、全面，不得作虚假或者引人误解的宣传。

经营者对消费者就其提供的商品或者服务的质量和使用方法等问题提出的询问，应当作出真实、明确的答复。

经营者提供商品或者服务应当明码标价。

第五十五条第一款 经营者提供商品或者服务有欺诈行为的，应当按照消费者的要求增加赔偿其受到的损失，增加赔偿的金额为消费者购买商品的价款或者接受服务的费用的三倍；增加赔偿的金额不足五百元的，为五百元。法律另有规定的，依照其规定。

现在的网购平台商家经常会进行降价、秒杀等促销活动，大家在下单时，一定要仔细关注促销活动界面的活动时间、活动产品数量、活动价格等详细的活动信息。如果不清楚，要去询问客服活动具体情况，以免造成双方不必要的误会。如果您的订单仍属于活动范围内，但结算价与秒杀价不一致，您可以要求商家退还差价。

2. 网上购买的物品半路被征用的，买家可以要求卖家退款吗?

案例背景

春节前，陆先生听闻新冠肺炎疫情严重，可能会波及全国，便计划为自己和家人囤一些口罩，以备不时之需。陆先生通过网购在某店铺订购了 100 只医用外科口罩，付款 99 元。商家当天下午通过顺丰快递将口罩寄出。第二天，各地开启抗击病毒传染行动，陆先生接到电话，得知该厂生产的全部口罩都被政府征用，用于支援武汉各医院的医护人员。陆先生称自己已支付货款，现因国家征用未能收到口罩，要求商家退款，商家表示拒绝。

学法有疑

陆先生网上购买的口罩半路被征用，可以要求卖家退款吗?

法律讲堂

很多人都知道公民的合法私有财产不受侵犯，但是国家利益、社会利益高于个人利益，在某些情况下，国家出于保护公共利益的需要，可以在法律允许的范围内对公民的私有财产，比如车辆、生活用品等进行征用。国家征用公民的合法私有财产并非必然无偿，使用后应当返还，造成损坏的应给予补偿。对此，我国《民法典》《突发事件应对法》等都有明确规定，国家征用公民个人财产后应返还或给予补偿。被征用的某些物品使用后无法返还或出现毁损、灭失的，应给予补偿。案例中，政府征用陆先生购买的口罩用于疫情防控，是基于保护公共利益的需要。武汉各医院的医护人员做好个人安全防护，才能治疗更多的患者，从而防止疫情的蔓延。政府依法对陆先生的个人财产进行征用，应依法补偿他受到的损失。陆先生未收到货物，商家不存在过错。因此，陆先生无权要求卖家退款。

法律条文

《中华人民共和国民法典》

第二百四十五条 因抢险救灾、疫情防控等紧急需要，依照法律规定的权限和程序可以征用组织、个人的不动产或者动产。被征用的不动产或者动产使用后，应当返还被征用人。组织、个人的不动产或者动产被征用或者征用后毁损、灭失的，应当给予补偿。

《中华人民共和国突发事件应对法》

第十二条 有关人民政府及其部门为应对突发事件，可以征用单位和个人的财产。被征用的财产在使用完毕或者突发事件应急处置工作结束后，应当及时返还。财产被征用或者征用后毁损、灭失的，应当给予补偿。

一句话说法

作为公民，要有社会责任感。社会利益、国家利益受损，必然会影响到个人利益。社会是个整体，一方有难，八方支援，社会生活才能有序进行。在遇到突发公共事件时，国家可基于公共利益的需要，对公民的合法个人财产进行征用。此时，公民要积极配合国家应对困难。同时在困难消除后，我们可依照正当程序请求返还财产或给予补偿。

3. 七天无理由退款适用于实体店购物吗?

案例背景

国庆节期间，马女士在商场购物时，发现一家电器店正在搞促销活动。马女士认为这时买东西性价比高，经过精心挑选，选中了一款知名品牌的电压力锅。回家后，她发现丈夫买了一款相同的电压力锅。于是，马女士凭购物发票要求商场退款，将电压力锅退还。该商场称，电压力锅无质量问题，不予退货退款。

学法有疑

马女士能以“七天无理由退款”为由，请求该商场退货退款吗?

法律讲堂

网购日益火爆，方便了大众的日常生活，但由于技术等原因，网购存在信息不对等的现象，消费者在购物时无法真实地观察和感受网购商品的颜色、大小等。这导致消费者收到货物后，发现其与之前了解的货物信息有差别，进而引发消费纠纷。为了保护消费者的公平交易权等合法权益，也为了促进经济和社会进步，我国《消费者权益保护法》第二十五条规定，消费者通过网购获取商品的，除特殊情形外，七天内可请求商家无理由退款。但是，如果消费者在商场等实体店购买商品，消费者能亲身感受商品的材质等信息，极少存在交易不对等的现象。因此，除商品存在质量问题等法律规定的情形外，消费者不享有退货退款的权利。

案例中，马女士亲自在商场购物，经过挑选所购的电压力锅无质量问题，商家也不存在过错，如果适用“七天无理由退款”条款，显然对商家是不公平的，也不利于促进交易。因此，马女士不能凭“七天无理由退款”要求该商场退货退款。

法律条文

《中华人民共和国消费者权益保护法》

第二十五条 经营者采用网络、电视、电话、邮购等方式销售商品，消费者有权自收到商品之日起七日内退货，且无需说明理由，但下列商品除外：

（一）消费者定作的；

（二）鲜活易腐的；

（三）在线下载或者消费者拆封的音像制品、计算机软件等数字化商品；

（四）交付的报纸、期刊。

除前款所列商品外，其他根据商品性质并经消费者在购买时确认不宜退货的商品，不适用无理由退货。

消费者退货的商品应当完好。经营者应当自收到退回商品之日起七日内返还消费者支付的商品价款。退回商品的运费由消费者承担；经营者和消费者另有约定的，按照约定。

一句话说法

随着社会的发展，新的交易模式出现，国家制定各种法律法规以保护交易的公平性。作为消费者，要及时、准确地多了解与我们自身生活息息相关的一些法律规定，这不仅能促进我们理性消费，而且能够在我们权益受损时帮助我们合法维权。

4. 试用买卖结束后，消费者忘记表明买或不买，算默认购买吗？

案例背景

某日，马先生下班后，看到一个生产保健仪器的厂家在自己居住的小区销售保健器材。马先生有腰疼的毛病，之前一直计划着买一台缓解腰疼的保健器材。该厂家的推销员向马先生介绍说，此次活动由生产厂家直接推出，价格比在商场购买优惠，而且生产厂家为了回馈新老顾客，特别推出试用买卖活动，消费者只需要交一两百块钱押金，就可以对所订购的产品免费试用一周。马先生听后认为比较划算，就订购了一台价值2999元的按摩椅。试用了5天后，马先生认为按摩椅并没有起到很好的治疗腰疼的效果，决定不购买。但马先生因工作繁忙，忘记告诉厂家，直到第9天上午，马先生才找到该厂家表示不购买，要求退款。该厂家表示拒绝，并要求马先生支付剩余价款。

学法有疑

试用买卖结束后，马先生忘记向厂家表明买或不买，是否视为马先生购买？

法律讲堂

经营者为提高产品销量，赢得更多消费者的喜爱，不断推出各种优惠活动。在经营过程中，与消费者约定一定的免费试用期，实行“试用买卖”促销，是一种有效的竞争手段。所谓“试用买卖”，是指消费者先试用产品，然后在一定时期内决定是否购买。根据我国《民法典》的规定，消费者在试用期内可以购买所试用的商品，也可以拒绝购买。如果试用期内，消费者未表明是否购买，在试用期届满后，视为消费者表示购买。因此，在试用买卖期间，消费者如果不打算购买商品，要及时向商家说明。否则，试用期结束，视为购买，消费者负有支付价款的义务。案例中，马先生试用按摩椅后不打算购买，但因自身原因未在一周的试用期内向厂家作出明确的不购买说明，那么一周的试用期结束，该厂家有理由认为马先生购买该商品。因此，马先生应当按照厂家的要求，支付剩余的价款。

法律条文

《中华人民共和国民法典》

第六百三十七条 试用买卖的当事人可以约定标的物的试用期限。对试用期限没有约定或者约定不明确，依据本法第五百一十条的规定仍不能确定的，由出卖人确定。

第六百三十八条 试用买卖的买受人在试用期内可以购买标的物，也可以拒绝购买。试用期限届满，买受人对是否购买标的物未作表示的，视为购买。

试用买卖的买受人在试用期内已经支付部分价款或者对标的物实施出卖、出租、设立担保物权等行为的，视为同意购买。

在法治社会背景下，消费者要多学法。我们可以通过各种媒体的法制栏目了解身边的法律，也可以到法律援助中心或者拨打法律援助热线来了解法律。权利是有时效的，我们一定要及时行使自己的权利。在试用买卖期间，我们可以表示拒绝购买。如果我们放置权利，待试用期届满后，就视为我们购买。在此提醒消费者一定要积极使用权利。

5. 超市张贴的“内有监控，偷一罚十”的标语是否违法?

案例背景

刚上五年级的学生刘某，看到同学张某的铅笔盒十分高级，特别喜欢。放学后，刘某到学校附近的超市买冰激凌，看到货架上摆放着一个铅笔盒，竟然和张某的一模一样。由于零钱不够，刘某趁售货员不注意，将铅笔盒偷放进自己书包，不料刚到门口报警器就响了。该超市经理将张贴的“内有监控，偷一罚十”的告示向刘某说明，称刘某必须叫来家长，向超市支付铅笔盒价格10倍的罚款。

学法有疑

该超市经理是否有权对刘某进行“内有监控，偷一罚十”的处罚?

法律讲堂

《消费者权益保护法》第二十六条规定，经营者不得以店堂告示等方式作出加重消费者责任等对消费者不公平、不合理的规定。店堂告示如果有上述内容，其内容无效。本案中，刘某偷盗铅笔盒的行为是道德不允许的，该超市有权通过合理合法的途径挽回损失，比如该经理可以和刘某的家长进行协商处理或者交由警察处理等，但该超市经理仅依据自己作出的“内有监控，偷一罚十”的店堂告示就对刘某进行10倍罚款，显然加重了刘某的责任，对其是不公平的。而且根据《行政处罚法》的相关规定，只有行政机关才可以行使行政处罚权。罚款属于一种行政处罚，该超市作为私营企业，是无权对刘某进行罚款的。因此，该超市“内有监控，偷一罚十”的规定显然是违法的。

法律条文

《中华人民共和国消费者权益保护法》

第二十六条 经营者在经营活动中使用格式条款的，应当以显著方式提请消费者注意商品或者服务的数量和质量、价款或者费用、履行期限和方式、安全注意事项和风险警示、售后服务、民事责任等与消费者有重大利害关系的内容，并按照消费者的要求予以说明。

经营者不得以格式条款、通知、声明、店堂告示等方式，作出排除或者限制消费者权利、减轻或者免除经营者责任、加重消费者责任等对消费者不公平、不合理的规定，不得利用格式条款并借助技术手段强制交易。

格式条款、通知、声明、店堂告示等含有前款所列内容的，其内容无效。

一句话说法

偷盗行为是不道德的，也是法律不允许的。国家保护消费者个人的合法权益，也保护商家的合法权益。偷盗商家的商品，肯定是要返还或者赔偿的，所以消费者首先要有自我道德约束，不偷不抢。同时，商家要合法经营，不得滥用优势地位，侵害消费者权益，否则会受到法律制裁。

6. 网购货物因他人代签而丢失，买家的损失由谁承担？

案例背景

任女士全职在家带孩子期间，在某网站开了一家专卖护肤品的店铺。经营期间，河北一买家高女士在任女士的店铺订购了一套价值388元的护肤品，通过微信支付了货款。高女士下单后12小时内，任女士通过某快递将买家订购的商品邮寄出去。4天后，高女士联系卖家，称商品未收到，但物流订单显示已签收。通过查询，该订单由小区门口的小卖部店员李先生签收，而李先生已辞职到其他店上班。高女士这才致电卖家任女士，要求卖家承担赔偿责任。

学法有疑

因他人代为签收导致买家未收到货物的，责任由谁承担？

法律讲堂

根据我国《民法典》的相关规定，依法成立的合同，对当事人具有约束力。合同一旦成立，双方应按约定全面履行自己的义务，不得擅自变更合同内容。一方违反合同约定，就需要承担相应的责任。本案例中，高女士在任女士的网络店铺购买商品，两人之间形成了买卖合同关系。高女士和任女士是买卖合同的买方和卖方，都需要按合同约定履行自己的义务。高女士已付款，任女士应将所购商品交付给高女士。但是，现在因网络购物这一新型购物方式出现，任女士通过某快递将护肤品邮寄给高女士，那么，任女士与该快递之间又形成了运输合同关系，该快递需按合同约定将任女士交付的包裹妥善送达高女士。高女士最终未收到所购商品，卖家任女士按合同约定需采取补救措施，如重新邮寄护肤品，或承担赔偿等违约责任。如果是因快递人员出现过错，导致高女士未收到货，则卖家任女士向高女士进行再次补货或赔偿后，可向快递公司追偿。如果小卖部受业主的委托或者有偿委托，经常替业主签收快递，那么可以查询该小卖部的签收人是否存在过错，以明确代收人是否需要承担相应的责任。

法律条文

《中华人民共和国民法典》

第一百一十九条 依法成立的合同，对当事人具有法律约束力。

第五百零九条 当事人应当按照约定全面履行自己的义务。

当事人应当遵循诚信原则，根据合同的性质、目的和交易习惯履行通知、协助、保密等义务。

当事人在履行合同过程中，应当避免浪费资源、污染环境和破坏生态。

第五百七十七条 当事人一方不履行合同义务或者履行合同义务不符合约定的，应当承担继续履行、采取补救措施或者赔偿损失等违约责任。

一句话说法

出于上班或其他原因，消费者通过网络购买的商品无法及时亲自签收。为了避免他人代签造成货物丢失，消费者可以选择快递柜等正规的快递代收点代为签收。如果没有代收点代为签收，消费者可以与快递员进行沟通，选择改日配送。同时，快递员要与买家沟通核实后，再将货物交给他人代为签收，以减轻自己的责任。

7. 餐馆对顾客在餐馆丢失的随身携带物品是否有赔偿义务?

案例背景

张女士下班后在某餐馆用餐时，看到自己的老朋友在吧台付款，因多年未见，张女士兴致勃勃地起身走向老朋友，将自己的手机落在餐桌上。等打完招呼，5 分钟后，张女士回到餐桌时，才发现自己的手机丢失了。张女士马上请服务员找来餐馆老板，要求餐馆赔偿自己丢失手机的损失。但餐馆老板称：餐馆没有义务对顾客所有的财物进行安全保障，而且餐馆的每张餐桌上都张贴了“请保管好随身携带的物品，如有遗失，本店概不负责”的告示，明确表示拒绝赔偿。

学法有疑

张女士的手机在餐馆被人偷走，餐馆应该赔偿吗?

法律讲堂

我国《消费者权益保护法》第十八条第二款规定，餐馆、商场、影剧院等场所的经营者应对消费者尽到安全保障义务。也就是说，餐馆、商店、影剧院等经营者在顾客进行消费时，有义务保障顾客的人身、财产不受损害。但消费者不能滥用权利，也不能加重经营者的责任和义务，不能要求经营者对顾客丢失的任何财物都进行无条件地赔偿，法律也没有这方面的强制规定。张女士用餐时，并未明确提出将手机交给服务员或餐馆进行保管，张女士与餐馆之间并未形成明确的保管合同关系。餐馆每张餐桌上都贴有“请保管好随身携带的物品，如有遗失，本店概不负责”的声明，说明餐馆已尽到合理的注意及提示义务，不存在过错。根据生活经验，顾客反而有义务保管好自己随身携带的财物。张女士虽然不是故意丢失手机，但存在明显的过失，是有过错的，在无法找到盗窃者的情况下，只能自行承担损失。当然，该餐馆若有监控，可以协助张女士追回损失，但仅仅在道德层面提倡，无法强制要求餐馆赔偿张女士丢失手机的损失。

法律条文

《中华人民共和国消费者权益保护法》

第十八条第二款 宾馆、商场、餐馆、银行、机场、车站、港口、影剧院等经营场所的经营者，应当对消费者尽到安全保障义务。

宾馆、饭店等公共场所人多眼杂，极容易发生自身物品被偷窃的事件。消费者要看管好随身携带的物品，不能仅仅指望饭店看管。针对消费者随身携带的财产，饭店只负有合理的注意及提示义务。因此，在就餐时，要看管好自己的物品，尽量使财物处于自己的视线范围内。

8. 顾客免费寄存的财物丢失，美容院是否应赔偿？

案例背景

周末，李女士到某美容院进行小型的美容手术。在手术前，李女士将携带的提包和手机交给美容院的员工小秦，让其放置于存包的柜子。手术完毕后，李女士想要查看手机和取钱付款时，发现小秦所指的柜子未上锁，里面空无一物。经核实，小秦把李女士的物品放入该柜子时，因接听了一个电话，忘记取钥匙锁柜子。李女士告知美容院负责人，自己的手机价值2700元，提包价值800元，包里还有现金1500元和银行卡等，要求美容院如数赔偿。而美容院称存包是免费的，不应赔偿，且李女士无法证明自己的损失有多少，仅凭一己之词，是无法要求美容院进行赔偿的。

学法有疑

对于李女士丢失的手机和钱物，美容院是否有责任进行赔偿？

法律讲堂

美容院是否有义务赔偿李女士的损失，关键在于李女士与美容院之间保管合同关系是否成立。根据《民法典》第八百八十八条及第八百九十七条的规定，保管合同是保管人保管寄存人交付的保管物，并返还该物的合同。保管期内，因保管人保管不善造成保管物毁损、灭失的，保管人应当承担赔偿责任。但是，无偿保管人证明自己没有故意或者重大过失的，不承担赔偿责任。本案中，李女士与美容院虽然未签订书面保管合同，但李女士是在美容院进行消费的，美容院也设置了免费为顾客存包的服务，李女士将手机和提包交给美容院的员工小秦，委托其存放至柜子时，李女士与美容院之间在事实上成立了免费保管合同关系，其中寄存人为李女士，保管人为美容院。美容院作为保管人，在保管期间，应当妥善保管顾客交付的财物，并在顾客要求返还保管物时，悉数归还。由于美容院的员工小秦在放置李女士的财物时，疏忽大意，忘记取钥匙锁柜门，没有采取措施确保财物安全，未尽到合理的注意义务，存在过错，美容院作为经营者，应承担赔偿责任，但前提是李女士有证据证明自己与美容院存在保管关系，证明交付财物的价值，否则，李女士很难按案例中的赔偿数额进行主张。

法律条文

《中华人民共和国民法典》

第八百八十八条　保管合同是保管人保管寄存人交付的保管物，并返还该物的合同。

寄存人到保管人处从事购物、就餐、住宿等活动，将物品存放在指定场所的，视为保管，但是当事人另有约定或者另有交易习惯的除外。

第八百九十七条　保管期内，因保管人保管不善造成保管物毁损、灭失的，保管人应当承担赔偿责任。但是，无偿保管人证明自己没有故意或者重大过失的，不承担赔偿责任。

商家为消费者提供有偿服务期间，一定要谨慎保管消费者交付的财物。在设置的柜子周围要安装好摄像头或安排专门人员进行看管，否则消费者交付的财物丢失，会严重影响商家的经营。同时，消费者要多留个心眼儿，检查一下自己的财产是否安全。建议消费者不要把贵重的物品放在包里，如果需要放在柜子中，一定要声明，并留存好相关证据。

9. 经营者声明的“赠品免费，概不负责”，是否违反法律规定？

案例背景

元旦期间，李先生在某商场购买了一台价值4699元的电脑，该商场随赠了一部手机。李先生兴高采烈地回家后，却发现该手机开机不到10分钟就自动关机了，重启后依然如此。李先生又专程打车到该商场，向商场负责人说明情况，并要求该商场更换一部新手机。商场认为手机是赠品，而且当时的宣传单上明确写着“赠品免费，概不负责”，自己没有退换或赔偿的责任。

学法有疑

李先生的要求是否合理合法？商场能够以“赠品免费，概不负责”的告示免除自身责任吗？

法律讲堂

经营者在销售产品时，为了增加销量，吸引顾客，经常会推出买产品送赠品的活动。但所谓的“赠品”，真的是无偿赠与的吗？经营者“买一赠一”的行为，实际是附义务的赠与。也就是说，经营者不会无条件地送出赠品，顾客获得赠品的前提是消费行为达到了经营者提出的要求，即购买了一定金额的商品。若顾客不购买指定商品或消费金额未达到指定要求，经营者是不会给消费者赠品的。因此，经营者赠与的产品有瑕疵，应在附义务的限度内承担与出卖人相同的责任。

同时，《消费者权益保护法》及《零售商促销行为管理办法》规定，经营者应当保证其提供的商品的质量，即使是促销活动，也不得降低促销产品（包括赠品）的质量。经营者的商业赠与活动具有明显的营利性，赠品的价值实际上已经包含在顾客购买商品的价格中。经营者所称的“赠品免费，对质量不负责”，不能成为减轻其质量保证责任的理由。

因此，该商场侵犯了李先生的公平交易权利，李先生要求商场退换或赔偿，是合理合法的。

法律条文

《中华人民共和国民法典》

第六百六十二条 赠与的财产有瑕疵的，赠与人不承担责任。附义务的赠与，赠与的财产有瑕疵的，赠与人在附义务的限度内承担与出卖人相同的责任。

赠与人故意不告知瑕疵或者保证无瑕疵，造成受赠人损失的，应当承担赔偿责任。

《中华人民共和国消费者权益保护法》

第二十三条第一款 经营者应当保证在正常使用商品或者接受服务的情况下其提供的商品或者服务应当具有的质量、性能、用途和有效期限；但消费者在购买该商品或者接受该服务前已经知道其存在瑕疵，且存在该瑕疵不违反法律强制性规定的除外。

《零售商促销行为管理办法》

第十二条 零售商开展促销活动，不得降低促销商品（包括有奖销售的奖品、赠品）的质量和售后服务水平，不得将质量不合格的物品作为奖品、赠品。

商家要诚信经营，对于通过商家获得的商品，商家要保证商品的质量安全，包括赠品的质量。作为经营者，要多了解、学习与经营有关的法律法规。只有在法律框架下合法经营，商家才能赢得更多消费者的信赖。

10. 禁止自带酒水及收取“开瓶费”，是否侵犯了消费者的权利？

案例背景

中秋节当日，吴女士一家为庆祝佳节，在家附近的某酒店吃团圆饭。考虑到家人爱喝的红酒和饮料该酒店没有销售，吴女士便自行到超市购买并带到酒店包间内。当天酒店顾客量极大，吴女士未看到张贴的“禁止自带酒水”的店堂告示。结账后，吴女士发现多支付了200元钱。经核实，这笔费用是酒店的服务费。该酒店负责人称，酒店内禁止自带酒水，若消费者自带酒水，则需要支付每瓶100元的“开瓶费”。

学法有疑

该酒店能否禁止吴女士自带酒水？能否向吴女士收取“开瓶费”？

法律讲堂

该酒店无权禁止吴女士自带酒水，也无权向吴女士收取“开瓶费”。

我国《消费者权益保护法》明确规定，消费者有权自主决定是否购买商品和服务，享有公平交易的权利。经营者不得以店堂告示等方式作出排除或者限制消费者权利的规定。该酒店擅自向吴女士收取“开瓶费”，属于强迫交易，侵犯了吴女士的自主选择权和交易自由，对吴女士是不公平的。“禁止自带酒水”的店堂告示是酒店利用自己的优势地位作出的，属于格式条款，且限制了消费者的权利，加重了消费者的责任，是无效条款。因此，吴女士可以要求该酒店返还已支付的“开瓶费”。

法律条文

《中华人民共和国消费者权益保护法》

第九条第一款 消费者享有自主选择商品或者服务的权利。

第二款 消费者有权自主选择提供商品或者服务的经营者，自主选择商品品种或者服务方式，自主决定购买或者不购买任何一种商品、接受或者不接受任何一项服务。

第十条 消费者享有公平交易的权利。

消费者在购买商品或者接受服务时，有权获得质量保障、价格合理、计量正确等公平交易条件，有权拒绝经营者的强制交易行为。

第二十六条 经营者在经营活动中使用格式条款的，应当以显著方式提请消费者注意商品或者服务的数量和质量、价款或者费用、履行期限和方式、安全注意事项和风险警示、售后服务、民事责任等与消费者有重大利害关系的内容，并按照消费者的要求予以说明。

经营者不得以格式条款、通知、声明、店堂告示等方式，作出排除或者限制消费者权利、减轻或者免除经营者责任、加重消费者责任等对消费者不公平、不合理的规定，不得利用格式条款并借助技术手段强制交易。

格式条款、通知、声明、店堂告示等含有前款所列内容的，其内容无效。

一句话说法

不合规的经营方式必然会受到有关部门的整治。公平交易仍是社会发展的核心，经营者不能侵犯消费者自主选择商品或服务的权利。消费者在遇到乱收费的情况时，要积极地通过正当途径寻求法律的帮助。

11. “最终解释权归商家”的条款是否合理合法？

案例背景

某日，赵先生到某商场购物，有售货员介绍，购物满2000元即送500元购物券，再次购物时此券可抵现金。经过精心挑选后，赵先生选择了一款价值2999元的床垫。付款后，收银员就送给赵先生一张标有500元的购物券。3天后，赵先生再次到该商场购物，付款时，赵先生拿出购物券准备抵用现金，却被告知此购物券已经不能使用。赵先生和商场负责人理论称，该购物券上并未写明有效期。商家称，购物券抵现金活动只保留2天，本是优惠活动，无需写明，且购物券右下方明确写着“最终解释权归商家”。

学法有疑

“最终解释权归商家”的条款是否合理合法？

法律讲堂

“最终解释权归商家”的条款是违反法律规定的。根据我国《消费者权益保护法》第二十六条第二款和第三款的规定：“经营者不得以格式条款、通知、声明、店堂告示等方式，作出排除或者限制消费者权利、减轻或者免除经营者责任、加重消费者责任等对消费者不公平、不合理的规定，不得利用格式条款并借助技术手段强制交易。格式条款、通知、声明、店堂告示等含有前款所列内容的，其内容无效。”同时，《零售商促销行为管理办法》第六条规定：“零售商促销活动的广告和其他宣传，其内容应当真实、合法、清晰、易懂，不得使用含糊、易引起误解的语言、文字、图片或影像。不得以保留最终解释权为由，损害消费者的合法权益。”第七条第一款和第二款规定：“零售商开展促销活动，应当在经营场所的显著位置明示促销内容，促销内容应当包括促销原因、促销方式、促销规则、促销期限、促销商品的范围，以及相关限制性条件等。对不参加促销活动的柜台或商品，应当明示，并不得宣称全场促销；明示例外商品、含有限制性条件、附加条件的促销规则时，其文字、图片应当醒目明确。”

按照上述条文的规定，该商场在开展促销活动时，未明确告知顾客促销期限等内容，使顾客对优惠活动产生误解，这种做法侵害了顾客的知情权、公平交易权等权利，是一种违反诚实信用原则的宣传方式。“最终解释权归商家”实为“霸王条款”，对消费者是不公平的。商场单方面规定的“最终解释权归商家”，是商家利用优势地位作出的限制或排除消费者权利的条款，是无效的。因此，赵先生可向工商部门投诉，以维护自己的合法权益。

法律条文

《中华人民共和国消费者权益保护法》

第二十六条第二款 经营者不得以格式条款、通知、声明、店堂告示等方式，作出排除或者限制消费者权利、减轻或者免除经营者责任、加重消费者责任等对消费者不公平、不合理的规定，不得利用格式条款并借助技术手段强制交易。

第三款 格式条款、通知、声明、店堂告示等含有前款所列内容的，其内容无效。

《零售商促销行为管理办法》

第六条 零售商促销活动的广告和其他宣传，其内容应当真实、合法、清晰、易懂，不得使用含糊、易引起误解的语言、文字、图片或影像。不得以保留最终解释权为由，损害消费者的合法权益。

第七条第一款 零售商开展促销活动，应当在经营场所的显著位置明示促销内容，促销内容应当包括促销原因、促销方式、促销规则、促销期限、促销商品的范围，以及相关限制性条件等。

第二款 对不参加促销活动的柜台或商品，应当明示，并不得宣称全场促销；明示例外商品、含有限制性条件、附加条件的促销规则时，其文字、图片应当醒目明确。

一句话说法

消费者在遇到商场开展促销活动时，要保持理性购买，要全面了解优惠条件，包括金额、期限等，避免落入商家的陷阱。遇到不合理的交易，消费者要勇于与商家进行协商或咨询律师。

12. 商家以消费者没有购物发票为由拒绝承担质量保障责任的，消费者该怎么办？

案例背景

某日，王女士带儿子到当地一家知名童装店购物。儿子看上了一件心爱的羽绒服，王女士当即表示买下。老板称若不要发票可再优惠100元。王女士立即就答应了。穿了几天后，王女士发现该羽绒服严重漏羽绒。于是，王女士找到商家要求退换，但商家称，王女士没有发票，而且已经给予优惠，拒绝退换。

学法有疑

商家未出具发票，消费者购买的商品有质量问题，该由谁承担责任？

法律讲堂

我国《消费者权益保护法》第二十四条规定：“经营者提供的商品或者服务不符合质量要求的，消费者可以依照国家规定、当事人约定退货，或者要求经营者履行更换、修理等义务。”可见，在商家与消费者形成买卖合同关系后，若商家提供的商品有质量问题，商家是需要承担退货、更换等责任的。但消费者要求商家承担责任的前提是，必须证明其与商家存在买卖合同关系，这就给消费者维权带来了一定的困难。对此，《消费者权益保护法》第二十二条规定：“经营者提供商品或者服务，应当按照国家有关规定或者商业惯例向消费者出具发票等购货凭证或者服务单据；消费者索要发票等购货凭证或者服务单据的，经营者必须出具。”可见，购物发票就是证明买卖合同关系最直接的证据，是消费者维护自身权益的重要凭证，而且商家出具发票是其法定义务，是保障国家税收的需要，不能因消费者未索要而免除。即使商家为了避税而未出具发票，也不会因此免除商家的质量保障责任。案例中，王女士可提供转账记录等其他凭证，证明其与该店存在买卖关系，进而要求该店承担退货等责任。若无其他证据，王女士可查看羽绒服的标牌或标识，要求羽绒服的生产厂家承担更换等责任。

法律条文

《中华人民共和国消费者权益保护法》

第二十二条 经营者提供商品或者服务，应当按照国家有关规定或者商业惯例向消费者出具发票等购货凭证或者服务单据；消费者索要发票等购货凭证或者服务单据的，经营者必须出具。

第二十四条第一款 经营者提供的商品或者服务不符合质量要求的，消费者可以依照国家规定、当事人约定退货，或者要求经营者履行更换、修理等义务。没有国家规定和当事人约定的，消费者可以自收到商品之日起七日内退货；七日后符合法定解除合同条件的，消费者可以及时退货，不符合法定解除合同条件的，可以要求经营者履行更换、修理等义务。

一句话说法

开具发票是商家的法定义务，很多消费者在购买一些价格较便宜的商品时，不向商家索要发票。但消费者一定要保留好其他的购物凭证，比如收据、转账记录等，在出现纠纷时，可通过这些证据证明消费者与商家的买卖关系，以便维护自己的合法权益。

13. 消费者遭遇消费欺诈，与经营者协商解决纠纷过程中，可要求哪些赔偿?

案例背景

赵女士计划为将要出生的孩子买个奶瓶，经朋友推荐介绍，她决定买一款产自法国的奶瓶。某日，赵女士在家附近的商场购物时，发现该商场正好在做该品牌奶瓶的促销活动。赵女士询问导购员该奶瓶的品牌、产地、价格后，得知该奶瓶产自法国，而且比朋友买的便宜100元。付款时，赵女士看到奶瓶的标签和说明，都表明确实是产自法国，于是赵女士付款199元。回家后，赵女士在用热水清洗奶瓶时，闻到一点怪味。经朋友查看后，发现该奶瓶并非产自法国，且为假冒品牌，实为某不知名的公司生产的。

学法有疑

在购物过程中，赵女士遭受欺诈，该如何与该商场协商解决？

法律讲堂

我国《消费者权益保护法》第五十五条第一款规定："经营者提供商品或者服务有欺诈行为的，应当按照消费者的要求增加赔偿其受到的损失，增加赔偿的金额为消费者购买商品的价款或者接受服务的费用的三倍；增加赔偿的金额不足五百元的，为五百元。法律另有规定的，依照其规定。"上述法条中的"欺诈"，是指消费者在购买商品或服务的过程中，经营者故意隐瞒该商品或服务的真实情况，或者故意告知消费者虚假信息，导致消费者陷入错误认识，进而购买该商品或服务。经营者的欺诈行为，侵害了消费者的知情权、公平交易权。根据法律规定，若经营者存在欺诈行为，消费者可要求经营者退还所购商品或服务的价款，同时消费者还可要求经营者按所购商品或服务价款的三倍进行赔偿。

因此，赵女士可先行了解相关法律，保留相关证据。在与该商场协商解决纠纷的过程中，赵女士可要求该商场退还所购奶瓶的价款 199 元，同时，针对该商场隐瞒奶瓶真实信息的行为，赵女士可要求该商场增加赔偿其受到的损失，增加赔偿的金额为奶瓶价款的三倍。

法律条文

《中华人民共和国消费者权益保护法》

第五十五条第一款 经营者提供商品或者服务有欺诈行为的，应当按照消费者的要求增加赔偿其受到的损失，增加赔偿的金额为消费者购买商品的价款或者接受服务的费用的三倍；增加赔偿的金额不足五百元的，为五百元。法律另有规定的，依照其规定。

一句话说法

消费者在平时要多了解相关法律，在购物过程中能够提高自己识破骗局的意识。如果发现商家有欺诈行为，消费者可以先咨询律师或法律工作者，根据有效的咨询建议和自身情况积极与商家协商赔偿事宜。

第 2 章 食品安全

14. 食品广告如果涉及疾病预防、治疗功能等内容的，生产企业需要承担法律责任吗？

案例背景

某酒业公司研发出一款新酒——某养生酒，该酒不仅味道醇美，而且添加了党参、黄芪、肉桂、熟地黄、当归、茯苓等药材。某公司打算大量生产，将养生酒变成公司的招牌产品。于是，该酒业公司为养生酒制作了广告，进行了广泛宣传：只要坚持喝养生酒，任何疾病不适都可以药到病除，延年益寿。该酒业公司的法务人员看到这些宣传，认为这是违法的，不符合《食品安全法》，但是该酒业公司的领导坚持这样宣传。

学法有疑

该酒业公司制作的广告宣传语符合法律规定吗？

法律讲堂

某酒业公司的养生酒宣传广告不符合法律规定。如今，很多公司、厂家只看重利益，将提升产品销量看成重中之重，却将消费者的健康与行业秩序置之不理。广告标语将产品的功效夸大其词，虚假宣传已是常事，这既损害了消费者正当的知情权，也扰乱了食品行业秩序。因此，为了保护消费者的利益，确保食品信息的真实性，法律规定食品广告中不得涉及疾病预防、治疗功能等内容。

我国《食品安全法》第七十三条第一款规定："食品广告的内容应当真实合法，不得含有虚假内容，不得涉及疾病预防、治疗功能。食品生产经营者对食品广告内容的真实性、合法性负责。"据此可知，法律是禁止食品广告中涉及疾病预防、治疗功能等内容的。另外，根据该法第一百四十条第一款和《广告法》的相关内容，如果食品生产者发布虚假广告欺骗、误导消费者，其将要承担相应的民事责任。在上述案例中，该酒业公司法务人员的说法是正确的。食品广告中如果含有预防和治疗疾病等内容，该公司是要承担法律责任的。某养生酒虽然的确有补气养元的功效，但延年益寿、药到病除是虚假宣传。该酒业公司应当更换广告，不然势必要承担法律责任。

法律条文

《中华人民共和国食品安全法》

第七十三条第一款　食品广告的内容应当真实合法，不得含有虚假内容，不得涉及疾病预防、治疗功能。食品生产经营者对食品广告内容的真实性、合法性负责。

第一百四十条第一款　违反本法规定，在广告中对食品作虚假宣传，欺骗消费者，或者发布未取得批准文件、广告内容与批准文件不一致的保健食品广告的，依照《中华人民共和国广告法》的规定给予处罚。

一句话说法

作为生产者，不得对产品夸大其词，不得虚假宣传，不得在内容中涉及疾病预防与治疗。生产厂家应当对产品有一说一，诚实宣传，否则是需要承担法律责任的；作为消费者，我们一定要擦亮眼睛，识别哪些产品广告是虚假宣传，从而理性消费。

15. 没有中文标签的外国食品可以进口吗?

案例背景

夏某是一名时尚的美女编辑，薪资优厚，生活精致。最近，夏某想减肥，了解到国外的一种青汁可以有效地疏通肠道，并且十分健康，不会给肠道带来不适，十分心动。下班后，夏某就来到公司附近的超市购买该青汁，但拿起青汁观察了一会儿发现包装上没有中文标签。夏某虽然十分想尝试该青汁，但由于缺少中文标签，夏某最终没有购买。

学法有疑

外国食品没有中文标签的，可以进口到我国吗?

法律讲堂

我国法律规定，进口外国食品必须有中文标签。根据我国《食品安全法》第九十七条的规定："进口的预包装食品、食品添加剂应当有中文标签；依法应当有说明书的，还应当有中文说明书。标签、说明书应当符合本法以及我国其他有关法律、行政法规的规定和食品安全国家标准的要求，并载明食品的原产地以及境内代理商的名称、地址、联系方式。预包装食品没有中文标签、中文说明书或者标签、说明书不符合本条规定的，不得进口。"据此可知，进口食品必须按照法律规定贴有中文标签，并且标签上的内容要符合法律规定的标准和要求。而公民、法人或者其他组织是法律规定承担行政责任的主体，因此，进口没有中文标签食品的公司，将会承担一定的行政责任。

如今，消费者可以轻而易举地吃到外国加工制作的食品，但是很多消费者在分辨正宗进口食品方面存在一些误区：人们认为食品包装上只要有外文标签就证明该食品是进口食品。但事实上，进口食品，是指由境外食品生产企业生产加工，入境时经我国出入境检验检疫部门检验符合我国相关标准的食品。按照法律规定，进口食品必须有中文标签，中文标签能解决语言障碍与地区差异，也能保障消费者的知情权与健康权，有利于人们分辨安全、正当的进口食品，维护中国的进口市场安全与稳定。消费者购买正规的进口食品时会发现，食品包装上是有中文标签的，人们可以通过中文标签了解该食品的名称、配料表、厂名、批号以及生产日期等信息，了解食用方式、饮用说明等。在上述案例中，夏某没有购买该青汁的做法是正确的。

法律条文

《中华人民共和国食品安全法》

第九十七条 进口的预包装食品、食品添加剂应当有中文标签；依法应当有说明书的，还应当有中文说明书。标签、说明书应当符合本法以及我国其他有关法律、行政法规的规定和食品安全国家标准的要求，并载明食品的原产地以及境内代理商的名称、地址、联系方式。预包装食品没有中文标签、中文说明书或者标签、说明书不符合本条规定的，不得进口。

第一百二十五条第一款 违反本法规定，有下列情形之一的，由县级以上人民政府食品安全监督管理部门没收违法所得和违法生产经营的食品、食品添加剂，并可以没收用于违法生产经营的工具、设备、原料等物品；违法生产经营的食品、食品添加剂货值金额不足一万元的，并处五千元以上五万元以下罚款；货值金额一万元以上的，并处货值金额五倍以上十倍以下罚款；情节严重的，责令停产停业，直至吊销许可证：

……

（二）生产经营无标签的预包装食品、食品添加剂或者标签、说明书不符合本法规定的食品、食品添加剂；

……

对于商家来说，进口食品必须贴有中文标签，并且标签上的内容要符合法律规定的标准和要求。没有中文标签的食品是违法食品，一旦被查处，就会承担一定的行政责任。对于消费者来说，为了保障自身的合法权益，切记不可购买无中文标签的进口食品。

16. 编造、散布虚假食品安全信息要承担怎样的责任？

案例背景

利源饭店经营40载，已经成为当地非常有名的高端宴请场所，菜式繁多，精致味美，虽然价格偏高，但依旧好评如潮。周某看到利源饭店的好生意，也打算分一杯羹，想要经营一家饭店，以价格优势吸引更多的消费者。谁知，虽然周某饭店的菜品与利源饭店类似，并且相对利源饭店较为便宜，但生意惨淡，人们还是更愿意去几十年老字号的利源饭店品尝美食。周某为了招引更多的顾客，开始散布谣言：利源饭店的食用油都是地沟油，有人吃了利源的饭菜，食物中毒了。消费者们听说以后，都不敢再去利源饭店吃饭了。后经当地相关的质检部门对利源饭店进行质检，发现利源饭店的食用油没有任何问题，其他材料也很卫生安全。随后，利源饭店以侵权将周某告上了法庭。

学法有疑

编造、散布虚假食品安全信息要承担怎样的责任？

法律讲堂

编造、散布虚假食品安全信息将会承担行政处罚，给他人造成损失的，还应当承担民事赔偿责任。

依据我国现行《食品安全法》第一百二十条的规定：“任何单位和个人不得编造、散布虚假食品安全信息。县级以上人民政府食品安全监督管理部门发现可能误导消费者和社会舆论的食品安全信息，应当立即组织有关部门、专业机构、相关食品生产经营者等进行核实、分析，并及时公布结果。”同时，该法第一百四十一条规定：“违反本法规定，编造、散布虚假食品安全信息，构成违反治安管理行为的，由公安机关依法给予治安管理处罚。媒体编造、散布虚假食品安全信息的，由有关主管部门依法给予处罚，并对直接负责的主管人员和其他直接责任人员给予处分；使公民、法人或者其他组织的合法权益受到损害的，依法承担消除影响、恢复名誉、赔偿损失、赔礼道歉等民事责任。”由此可知，编造、散布虚假食品安全信息的行为是不符合法律规定的，是被法律所禁止的。编造、散布虚假食品安全信息将会面临行政处罚，甚至承担民事侵权责任。

食品安全关乎消费者的身心健康，关乎食品生产经营者的企业名誉、经济利益，食品安全问题一直以来都是社会的焦点问题。一旦有人发布了虚假食品安全信息，可能会侵犯他人的名誉权，还有可能造成消费者陷入恐慌，进而导致市场经济秩序紊乱，甚至影响国家经济的健康发展。因此，法律禁止编造、散布虚假食品安全信息是极其重要的。

在上述案例中，周某为了不正当竞争，编造、散布虚假食品安全信息的行为是违法的，这不仅会给利源饭店带来显而易见的经济损失，也会导致市场经济秩序混乱。因此，有关部门进行检验后，应当及时公布利源饭店的食品安全信息。同时，还应当查处周某的不法行为，并对其处以行政处罚。并且，由于周某编造、散布虚假食品安全信息的行为已经侵犯利源饭店的名誉权，进而危及利源饭店的经营问题，被侵权人利源饭店可以请求侵权人周某承担停止侵害、排除妨碍、消除危险等侵权责任。因此，周某需要同时承担行政责任以及民事侵权责任。

法律条文

《中华人民共和国食品安全法》

第一百二十条 任何单位和个人不得编造、散布虚假食品安全信息。

县级以上人民政府食品安全监督管理部门发现可能误导消费者和社会舆论的食品安全信息，应当立即组织有关部门、专业机构、相关食品生产经营者等进行核实、分析，并及时公布结果。

第一百四十一条 违反本法规定，编造、散布虚假食品安全信息，构成违反治安管理行为的，由公安机关依法给予治安管理处罚。

媒体编造、散布虚假食品安全信息的，由有关主管部门依法给予处罚，并对直接负责的主管人员和其他直接责任人员给予处分；使公民、法人或者其他组织的合法权益受到损害的，依法承担消除影响、恢复名誉、赔偿损失、赔礼道歉等民事责任。

虚假的食品安全信息可能会损害商家社会信誉，扰乱市场经济秩序，危害社会健康发展。所以，编造、散布虚假食品安全信息是违法行为，法律严厉禁止。作为公民，我们要严格遵守法律，保证不编造、不传播虚假信息，否则将会受到法律的严厉制裁。

17. 任何组织或者个人都有权举报食品安全的违法行为吗？

案例背景

某日，张某向当地食监局举报称，当地的H熟食加工厂的酱肉里有虫卵。食监局接到举报以后立即对H熟食加工厂展开调查，发现H熟食加工厂的加工场地极其脏乱，加工台上满是灰尘污垢，各种生肉并没有冷藏存放，有的已经变质。调查人员看到这一景象，立即对H熟食加工厂做出停业整顿处理，防止更多的不安全食品流入市场。之后，食监局非常认可张某的举报行为，并奖励了张某1000元人民币。

学法有疑

作为公民的张某可以举报食品安全违法行为吗？

法律讲堂

任何组织或者个人都有权举报食品安全违法行为。

从古至今，我国老百姓向来重视“吃”，“民以食为天”，人们的生存离不开食品，食品安全尤为重要。出于管理体制以及片面追逐利润等原因，食品安全问题并没有完全解决。如果每一个公民都像上述案例中的张某一样，发现问题，勇于举报，积极参与到食品安全监督中，那些食品安全违法行为便能受到严厉打击。

根据《食品安全法》第十二条的规定：“任何组织或者个人有权举报食品安全违法行为，依法向有关部门了解食品安全信息，对食品安全监督管理工作提出意见和建议。”由此可见，公民拥有监督食品安全违法行为的权利，公民向有关部门的监督管理工作提出意见和建议拥有正当性和依据性。可以说“监督食品安全，匹夫有责”，食品安全离不开每一个社会主体的监督和管理。

法律条文

《中华人民共和国食品安全法》

第十二条 任何组织或者个人有权举报食品安全违法行为，依法向有关部门了解食品安全信息，对食品安全监督管理工作提出意见和建议。

一句话说法

任何组织或者个人都有权举报食品安全违法行为，严格监督食品安全问题是我们每一个人的责任。如果您在生活中发现了商家的食品安全违法行为，应该勇于举报，积极参与到监督管理的过程中。

18. 蔬菜残留农药超标，商家会受到何种处罚？

案例背景

王某在自己小区里的Y超市购买了两斤娃娃菜，回家清洗娃娃菜时，闻到一股刺鼻的化学味道。王某怀疑这些娃娃菜农药残留超标，于是向有关部门反映了情况。当地的食品药品监管局收到消息后，立即对Y超市的蔬菜进行检查，发现超市贩卖的多种蔬菜皆存在农药残留超标的现象。附近居民得知后，非常愤怒，希望有关部门可以严厉处理Y超市。

学法有疑

Y超市的行为会受到何种处罚呢？

法律讲堂

为了有效消灭杂草、害虫，使农产品可以得到更好地生长，施肥喷药都是不可避免的行为。诚然，农药的使用可能会造成环境污染，农药严重超标还可能危害人们的身体健康。但是如果将农药使用量控制在一定的范围内，对农药残留超标的行为进行严厉处罚，就可以促使人们正确使用农药。

对此，我国《食品安全法》第三十四条明确规定，禁止生产经营农药残留以及对人体健康有危害的物质含量超过食品安全标准限量的食品。同时，该法第一百二十四条明确规定，对生产农药残留超过食品安全标准限量的食品、食品添加剂的企业，尚不构成犯罪的，由县级以上人民政府食品安全监督管理部门没收违法所得和违法生产经营的食品、食品添加剂，并可以没收用于违法生产经营的工具、设备、原料等物品；违法生产经营的食品、食品添加剂货值金额不足一万元的，并处五万元以上十万元以下罚款；货值金额一万元以上的，并处货值金额十倍以上二十倍以下罚款；情节严重的，吊销许可证。

具体到本案例中，Y 超市有义务审查进货蔬菜的农药含量是否超标，但是其违反规定进购了农药超标的娃娃菜。由于发现及时，并没有对顾客的身体造成损害。根据《食品安全法》第一百二十四条的规定，对 Y 超市的行为，应当由县级以上人民政府食品安全监督管理部门进行处罚。

法律条文

《中华人民共和国食品安全法》

第三十四条 禁止生产经营下列食品、食品添加剂、食品相关产品：

……

（二）致病性微生物，农药残留、兽药残留、生物毒素、重金属等污染物质以及其他危害人体健康的物质含量超过食品安全标准限量的食品、食品添加剂、食品相关产品；

……

第一百二十四条 违反本法规定，有下列情形之一，尚不构成犯罪的，由县级以上人民政府食品安全监督管理部门没收违法所得和违法生产经营的食品、食品添加剂，并可以没收用于违法生产经营的工具、设备、原料等物品；违法生产经营的食品、食品添加剂货值金额不足一万元的，并处五万元以上十万元以下罚款；货值金额一万元以上的，并处货值金额十倍以上二十倍以下罚款；情节严重的，吊销许可证：

（一）生产经营致病性微生物，农药残留、兽药残留、生物毒素、重金属等污染物质以及其他危害人体健康的物质含量超过食品安全标准限量的食品、食品添加剂；

……

一句话说法

生产者应该保证生产经营农药残留以及对人体健康有危害的物质含量符合食品安全标准限量的食品。销售者有义务对进货食品的农药含量进行查验。如果违反法律规定，轻者会受到行政处罚，重者还会触犯刑事法律，承担刑事责任。

19. 网上购买食品吃坏肚子，网店不赔偿的，还可以怎么办？

案例背景

琳琳是狂热的网购爱好者，闲暇时就喜欢逛购物网站，买一些生活用品。最近，琳琳为了准备去野餐的食品，特意在D购物网购买了一些素食饼干及面包。琳琳野餐时高高兴兴地吃了很多饼干，谁知回家以后就腹泻不止。琳琳火冒三丈，立即联系网店客服，希望厂家可以赔偿医药费以及误工费，但琳琳再去搜索售卖饼干的网店时，发现该店铺已经注销。琳琳只好联系网站的客服，却发现D购物网站也没有保存店主的信息。

学法有疑

既然网店不予售后处理，那么网站有什么责任吗？

法律讲堂

根据我国现行《食品安全法》第六十二条的规定："网络食品交易第三方平台提供者应当对入网食品经营者进行实名登记，明确其食品安全管理责任；依法应当取得许可证的，还应当审查其许可证。网络食品交易第三方平台提供者发现入网食品经营者有违反本法规定行为的，应当及时制止并立即报告所在地县级人民政府食品安全监督管理部门；发现严重违法行为的，应当立即停止提供网络交易平台服务。"该法第一百三十一条第二款："消费者通过网络食品交易第三方平台购买食品，其合法权益受到损害的，可以向入网食品经营者或者食品生产者要求赔偿。网络食品交易第三方平台提供者不能提供入网食品经营者的真实名称、地址和有效联系方式的，由网络食品交易第三方平台提供者赔偿。网络食品交易第三方平台提供者赔偿后，有权向入网食品经营者或者食品生产者追偿。网络食品交易第三方平台提供者作出更有利于消费者承诺的，应当履行其承诺。”由此可知，网络食品交易第三方平台提供者负有保证入网食品的经营者信息的法律义务，以此保证入网食品的安全。如果网络食品交易第三方平台提供者不能提供入网食品经营者的真实名称、地址和有效联系方式的，则由其自己对消费者受到的损失承担赔偿责任。网络食品交易第三方平台提供者赔偿后，有权向入网食品经营者或者食品生产者追偿。

在本案中，D 购物网站作为网络食品交易的提供者有义务保证入网食品的安全。而案例中 D 购物网站竟然没有按照法律规定对入网食品经营者进行实名登记，这就导致发生入网食品安全事故后，无法准确追究责任人。因为 D 购物网站不能提供饼干店铺负责人的真实名称、地址和有效联系方式，所以只能由 D 购物网站对琳琳进行赔偿。

法律条文

《中华人民共和国食品安全法》

第六十二条 网络食品交易第三方平台提供者应当对入网食品经营者进行实名登记，明确其食品安全管理责任；依法应当取得许可证的，还应当审查其许可证。

网络食品交易第三方平台提供者发现入网食品经营者有违反本法规定行为的，应当及时制止并立即报告所在地县级人民政府食品安全监督管理部门；发现严重违法行为的，应当立即停止提供网络交易平台服务。

第一百三十一条 违反本法规定，网络食品交易第三方平台提供者未对入网食品经营者进行实名登记、审查许可证，或者未履行报告、停止提供网络交易平台服务等义务的，由县级以上人民政府食品安全监督管理部门责令改正，没收违法所得，并处五万元以上二十万元以下罚款；造成严重后果的，责令停业，直至由原发证部门吊销许可证；使消费者的合法权益受到损害的，应当与食品经营者承担连带责任。

消费者通过网络食品交易第三方平台购买食品，其合法权益受到损害的，可以向入网食品经营者或者食品生产者要求赔偿。网络食品交易第三方平台提供者不能提供入网食品经营者的真实名称、地址和有效联系方式的，由网络食品交易第三方平台提供者赔偿。网络食品交易第三方平台提供者赔偿后，有权向入网食品经营者或者食品生产者追偿。网络食品交易第三方平台提供者作出更有利于消费者承诺的，应当履行其承诺。

网络食品交易第三方平台提供者有义务确定入网食品经营者的信息，并且有义务提供入网食品经营者的真实名称、地址和有效联系方式。如果发生食品安全事故，而入网经营者不知所踪，网络食品交易第三方平台提供者也没有审查过经营者的身份信息，就应该由网络食品交易第三方平台提供者赔偿消费者损失，其赔偿后有权向入网食品经营者或者食品生产者追偿。

第3章 婚姻家庭

20. 在离婚时，女方可以要求男方承担抚养子女的全部费用吗？

案例背景

傅某与丈夫孙某结婚后生下一个女儿，现在他们的女儿已经8周岁了。原本其乐融融的和谐家庭生活因傅某接到一通电话而被打破。打电话的是一位姓徐的女士，她告知傅某自己是孙某的情人，两人的感情很深，希望傅某主动离开孙某。傅某这才得知孙某有外遇的情况。在与孙某沟通两个月后，傅某决定与孙某协议离婚，除了夫妻共同财产平均分割外，傅某要求孙某承担抚养女儿的全部费用。

学法有疑

夫妻双方离婚时，可以约定由一方承担抚养子女的全部费用吗？

法律讲堂

有子女的夫妻双方在离婚时除了分割夫妻财产外，还要重视的就是子女抚养权、抚养费的问题。男女双方离婚后，两人与子女的亲子关系不会发生改变，不与子女共同生活的一方，仍要承担抚养义务。一般情况下，孩子跟随一方生活，另一方需要支付相应的抚养费。但男女双方也可以约定由一方承担抚养子女的全部费用。对此，我国《最高人民法院关于人民法院审理离婚案件处理子女抚养问题的若干具体意见》第十条规定："父母双方可以协议子女随一方生活并由抚养方负担子女全部抚育费。但经查实，抚养方的抚养能力明显不能保障子女所需费用，影响子女健康成长的，不予准许。"根据条文规定可知，在一方有足够的能力保障子女生活所需的前提下，夫妻双方可以约定在离婚后由该方承担抚养子女的全部费用。在上述案例中，如果孙某有足够的经济实力，能够保障女儿的生活所需，傅某可以与孙某约定离婚后由孙某承担抚养女儿的全部费用。

法律条文

《最高人民法院关于人民法院审理离婚案件处理子女抚养问题的若干具体意见》

10. 父母双方可以协议子女随一方生活并由抚养方负担子女全部抚育费。但经查实，抚养方的抚养能力明显不能保障子女所需费用，影响子女健康成长的，不予准许。

一句话说法

男女双方在离婚后仍需承担抚养子女的责任，一般情况下，男女双方应平均承担抚养子女的各项费用，但在离婚时也可以由男女双方约定，由一方承担全部的抚养费。需要注意的是，约定由一人承担全部抚养费的前提是，该方有足够的经济条件，能够保障子女所需费用。

21. 结婚后，女方购买的首饰属于夫妻共同财产吗？

案例背景

常某是某企业的董事，陈某是常某的妻子。结婚前几年，为了让丈夫安心在外打拼事业，陈某辞去了工作，专心照顾家庭。常某大部分时间都花在工作上，事业非常成功，但常某陪伴家人的时间少之又少，与妻子的感情也越来越淡。陈某无人陪伴，慢慢养成了一个爱好，即购买各种首饰。陈某感觉佩戴首饰会让自己很开心、很有面子。突然有一天，常某提出与陈某离婚，陈某担心丈夫常某会提出将这些首饰作为夫妻共同财产进行分割。

学法有疑

女方在婚后购买的首饰，在离婚时是否应作为夫妻共同财产进行分割呢？

法律讲堂

根据我国《民法典》第一千零六十三条第四项的规定，一方专用的生活用品为夫妻一方的个人财产。一方专用的生活用品，是指夫妻一方在日常生活中，自己使用的物品，如衣物、鞋帽、化妆品等专用物品。女方在婚后购买的首饰属于女方个人日常生活用品，一般情况下视为女方的个人财产，在离婚时不作为夫妻共同财产进行分割。不过，若是婚后购买的首饰极其贵重，价值高昂，算名贵物品或奢侈品的，其“生活用品”的“属性”不高，在司法实践中也可能作为共同财产进行分割。

法律条文

《中华人民共和国民法典》

第一千零六十三条 下列财产为夫妻一方的个人财产：

（一）一方的婚前财产；
（二）一方因受到人身损害获得的赔偿或者补偿；
（三）遗嘱或者赠与合同中确定只归一方的财产；
（四）一方专用的生活用品；
（五）其他应当归一方的财产。

男女双方在离婚时，争议最大的就是财产应当如何分割。只有夫妻共同财产在离婚时才可以由二人平均分割。一般情况下，夫妻个人的专用生活物品通常被认为是个人财产，在离婚时不进行分割。不过，出于公平考虑，价值很高的名贵首饰等也可能作为共同财产进行分割。

22. 女方从娘家带来的嫁妆属于女方的个人财产吗？

案例背景

桐桐是独生女，而且她父母在30多岁的时候才生了她，所以自桐桐出生后，父母就对她百般宠爱。长大后，桐桐谈了一个男朋友宋某，她的父母也很喜欢这个未来女婿，同意两人结婚。在桐桐结婚时，她的父母全款购买了一套房屋并准备了30万元现金给桐桐作嫁妆。但桐桐的父母也担心，万一有一天两人离婚，这些财产会作为夫妻共同财产进行分割。

学法有疑

女方父母给女方的嫁妆属于夫妻共同财产吗？

法律讲堂

我国《民法典》第一千零六十二条第一款规定："夫妻在婚姻关系存续期间所得的下列财产，为夫妻的共同财产归夫妻共同所有：……（四）继承或者受赠的财产，但是本法第一千零六十三条第三项规定的除外；……"而根据《民法典》第一千零六十三条第三项的规定，遗嘱或赠与合同中确定的只归夫或妻一方的财产，为夫妻一方的财产。同时，我国《最高人民法院关于适用〈中华人民共和国婚姻法〉若干问题的解释（一）》第十九条规定："婚姻法第十八条规定为夫妻一方所有的财产，不因婚姻关系的延续而转化为夫妻共同财产。但当事人另有约定的除外。"由条文规定可知，如果遗嘱或赠与合同中明确约定只归男方或女方个人的财产，那么在两人结婚后该财产仍是男方或女方的个人财产。具体到上述案例，桐桐父母在她结婚时给她准备的房屋和30万元现金属于她父母赠与她的个人财产，系桐桐个人婚前财产，在婚后不因婚姻关系的延续而转化为夫妻共同财产。所以桐桐父母不必担心两人离婚后，该部分财产会作为共同财产进行分割。

法律条文

《中华人民共和国民法典》

第一千零六十二条 夫妻在婚姻关系存续期间所得的下列财产，为夫妻的共同财产，归夫妻共同所有：

（一）工资、奖金、劳务报酬；

（二）生产、经营、投资的收益；

（三）知识产权的收益；

（四）继承或者受赠的财产，但是本法第一千零六十三条第三项规定的除外；

（五）其他应当归共同所有的财产。

夫妻对共同财产，有平等的处理权。

第一千零六十三条 下列财产为夫妻一方的个人财产：

（一）一方的婚前财产；

（二）一方因受到人身损害获得的赔偿或者补偿；

（三）遗嘱或者赠与合同中确定只归一方的财产；

（四）一方专用的生活用品；

（五）其他应当归一方的财产。

《最高人民法院关于适用〈中华人民共和国婚姻法〉若干问题的解释（一）》

第十九条 婚姻法第十八条①规定为夫妻一方所有的财产，不因婚姻关系的延续而转化为夫妻共同财产。但当事人另有约定的除外。

---

① 已吸收进入《民法典》，现成为《民法典》第一千零六十三条。

一句话说法

父母在子女结婚时，一般都会给子女准备财产，如房子、车辆、现金等，但赠与子女后，父母也会担心万一孩子离婚，这些财产会被对方分走一半。需要提醒的是，父母在赠与子女这些财产时，应明确约定只是赠与自己孩子个人的，那么这些财产就属于子女的个人婚前财产，不必担心其被作为共同财产进行分割。

23. 男女双方在分手时，应如何处理两人共同出资购买的房屋？

案例背景

顾某（男）与赵某（女）是同事，两人都是大学毕业后入职某公司，在相处过程中互生好感，慢慢确定了恋爱关系。交往两年多的时间后，顾某与赵某共同出资购买了某小区 103 平的三居室。购买房屋后，顾某却迟迟不向赵某求婚，赵某曾旁敲侧击地试探过顾某，但感觉顾某并没有结婚的打算。于是，两人开始产生矛盾，不久后赵某与顾某提出分手，并要求平均分割两人共同购买的房屋。

学法有疑

男女朋友共同出资购买的房屋，分手后该如何处理呢？

法律讲堂

我国《最高人民法院关于人民法院审理未办结婚登记而以夫妻名义同居生活案件的若干意见》第十条规定：“解除非法同居关系时，同居生活期间双方共同所得的收入和购置的财产，按一般共有财产处理……”同时，我国《民法典》第三百零八条规定：“共有人对共有的不动产或者动产没有约定为按份共有或者共同共有，或者约定不明确的，除共有人具有家庭关系等外，视为按份共有。”由条文规定可知，男女双方在恋爱期间共同出资购买的房屋，应由男女双方按份共有，在两人分手时依照按份共有财产的方式进行分割，即应当以双方出资的份额对房屋进行分割。具体到上述案例，顾某与赵某只是男女朋友，并没有结婚，这二人在恋爱期间取得的财产不能像处理夫妻共同财产一样进行平均分割，只能依照上述条文规定，依照按份共同财产的处理方式进行分割。

法律条文

《中华人民共和国民法典》

第三百零八条 共有人对共有的不动产或者动产没有约定为按份共有或者共同共有，或者约定不明确的，除共有人具有家庭关系等外，视为按份共有。

《最高人民法院关于人民法院审理未办结婚登记而以夫妻名义同居生活案件的若干意见》

10. 解除非法同居关系时，同居生活期间双方共同所得的收入和购置的财产，按一般共有财产处理。同居生活前，一方自愿赠送给对方的财物可比照赠与关系处理；一方向另一方索取的财物，可参照最高人民法院〔84〕法办字第112号《关于贯彻执行民事政策法律若干问题的意见》第（18）条规定的精神处理。

一句话说法

男女双方在建立婚姻关系前取得的财产不具有夫妻共同财产的性质，两人之间尚未建立法定夫妻关系，所以两人在分手时，该财产不能作为夫妻共同财产进行分割，只能按照一般共有财产进行处理。

24. 妻子擅自卖掉共有房屋，丈夫能否向买房人要回房屋？

案例背景

孟某与妻子赵某结婚3年，有一套共有的房屋，首付和每月的房屋贷款均是二人一同支付。当时为了让妻子高兴，在房屋产权登记时只登记了妻子赵某一个人的名字。后来，孟某发现妻子赵某沉迷于买股票，经常把生活费偷偷用来炒股，导致家庭生活水平急剧下降。二人为此大吵一架，赵某保证再也不炒股。某日，一人找到孟某家中，拿出房屋买卖合同，表示自己已经从赵某手中购买该房屋并办理完房屋过户手续，要求孟某立刻搬出去。孟某才得知，原来妻子赵某还是一直在偷偷炒股。

学法有疑

赵某擅自与第三人签订的房屋买卖合同是否有效？孟某能否向第三人要回房屋？能否要求赵某赔偿损失？

法律讲堂

《民法典》第一千零六十二条第二款明确规定："夫妻对共同财产，有平等的处理权。"据此可知，夫妻对共有的财产享有平等的处理权，一方在处分重要的共有财产前，应当征得对方同意。《最高人民法院关于适用〈中华人民共和国婚姻法〉若干问题的解释（三）》第十一条对夫妻一方擅自处分共有房屋的法律后果做出了规定："一方未经另一方同意出售夫妻共同共有的房屋，第三人善意购买、支付合理对价并办理产权登记手续，另一方主张追回该房屋的，人民法院不予支持。夫妻一方擅自处分共同共有的房屋造成另一方损失，离婚时另一方请求赔偿损失的，人民法院应予支持。"因此，夫妻一方私自出卖共有房屋，房屋购买者如果为善意（不知情），且支付了合理的对价并办理了过户手续，另一方就无权追回该房屋，只有在离婚时，才能请求对方赔偿相关的损失。

本案中，房屋属于孟某和赵某的夫妻共同财产，赵某无权擅自处置该财产。购房者购房时对交易房屋属于夫妻共同财产的事实不知情，且办理了过户手续，符合主观善意、支付合理对价以及办理产权登记手续三个条件。此时，该房屋买卖合同有效，孟某不能再追回该房屋，也无权要求其进行赔偿。如果孟某因此与妻子赵某离婚，则其在离婚时可以向妻子赵某索要赔偿。除此之外，孟某无权对购房者主张任何权益。

法律条文

《中华人民共和国民法典》

第一千零六十二条 夫妻在婚姻关系存续期间所得的下列财产，为夫妻的共同财产，归夫妻共同所有：

（一）工资、奖金、劳务报酬；

（二）生产、经营、投资的收益；

（三）知识产权的收益；

（四）继承或者受赠的财产，但是本法第一千零六十三条第三项规定的除外；

（五）其他应当归共同所有的财产。

夫妻对共同财产，有平等的处理权。

《最高人民法院关于适用〈中华人民共和国婚姻法〉若干问题的解释（三）》

第十一条 一方未经另一方同意出售夫妻共同共有的房屋，第三人善意购买、支付合理对价并办理产权登记手续，另一方主张追回该房屋的，人民法院不予支持。

夫妻一方擅自处分共同共有的房屋造成另一方损失，离婚时另一方请求赔偿损失的，人民法院应予支持。

一句话说法

在现实生活中，经常出现共有房屋被一方擅自出卖的情形，在这种情况下，如果买方是善意取得该房子，则另一方很难追回房子。夫妻关系存续期间，处分夫妻共同财产前，一定要与另一方充分协商、沟通，以免因此影响夫妻感情，损害夫妻共同财产。

25. 对于非婚生子女，生父母需要承担什么抚养义务？

案例背景

张先生是一位商业成功人士，曾经有一个幸福美满的家庭。事业上取得一定成绩后，张先生想进一步提升自己，于是报名参加某著名大学 MBA 课程进修。在进修过程中，张先生结识了才貌双全的王女士，王女士对张先生已婚的事实并不知情，二人感情迅速升温，不久便发展为恋人关系。交往了一段时间之后，王女士发现自己怀孕了，便向张先生提出结婚的要求。随即张先生向王女士摊牌，表示不愿意放弃自己的家庭，想结束与王女士之间的关系，希望王女士能终止妊娠，并会给予王女士一定的经济补偿。王女士之后便与张先生中断联系，独自将孩子生了下来。一年后，王女士带着孩子找到张先生，要求他承担对孩子的抚养义务。张先生认为自己不同意孩子的出生，而且不想与王女士母子二人再有任何瓜葛，拒绝履行对这个孩子的抚养义务。

学法有疑

张先生需要承担对这个孩子的抚养责任吗？对于非婚生子女，生父母需要承担什么抚养义务？

法律讲堂

张先生作为孩子的亲生父亲，需要对这个孩子承担抚养义务。非婚生子女虽然出生于非正常婚姻关系家庭，但孩子是无辜的，其应当享有与婚生子女同等的权利。我国《民法典》第一千零七十一条规定："非婚生子女享有与婚生子女同等的权利，任何组织或者个人不得加以危害和歧视。不直接抚养非婚生子女的生父或者生母，应当负担未成年子女或者不能独立生活的成年子女的抚养费。"由此可知，我国法律充分保障非婚生子女的合法权益，即使生父母一方可能不与非婚生子女经常共同生活在一起，也不能因此免除其抚养义务。在本案中，张先生作为孩子的亲生父亲，不能因任何原因拒绝承担对孩子的抚养义务。张先生如果不与孩子生活在一起，则应当定期向孩子支付相应的抚养费，直至孩子年满十八周岁。

法律条文

《中华人民共和国民法典》

第一千零七十一条 非婚生子女享有与婚生子女同等的权利，任何组织或者个人不得加以危害和歧视。

不直接抚养非婚生子女的生父或者生母，应当负担未成年子女或者不能独立生活的成年子女的抚养费。

父母双方在孩子出生前应当做好充分的沟通，尽量给孩子创造一个完整的家庭。如果不能给孩子提供完整的家庭，必须保障非婚生子女的合法权益不受侵害。同时，我国法律明确规定，非婚生子女与婚生子女享有同等的权利，任何人都不应因此歧视非婚生子女，全社会都应当对其隐私予以相应的保护，以免给其造成精神和心理压力。

26. 协议离婚的，可以即刻领到离婚证吗？

案例背景

2019 年春节期间，彤彤和大明在朋友的一次聚会中相识，两人一见钟情，很快确立了恋爱关系，不久就登记结婚了。两人恋爱期间相处得很好，但是，婚姻生活并不像想象的那么美满，两人的缺点逐渐在相处中暴露。彤彤嫌弃大明好吃懒做，不愿分担家务劳动；大明嫌弃彤彤不懂得节俭，花钱大手大脚。为此，双方经常吵架，家庭气氛非常不和谐，濒临离婚的边缘。但彤彤听说从 2021 年 1 月起，离婚还需要经过一个“离婚冷静期”，她不太明白“离婚冷静期”是怎么回事。

学法有疑

协议离婚可以立即领到离婚证吗？什么是“离婚冷静期”？

法律讲堂

近些年，由于思想观念的逐渐解放，我国公民对待婚姻的态度也逐渐开放，不仅“闪结”的现象很多，“闪离”的情况也不少。为了维护家庭及社会的和谐稳定，我国在《民法典》中增设了关于离婚冷静期的条款。《民法典》第一千零七十七条规定：“自婚姻登记机关收到离婚登记申请之日起三十日内，任何一方不愿意离婚的，可以向婚姻登记机关撤回离婚登记申请。前款规定期限届满后三十日内，双方应当亲自到婚姻登记机关申请发给离婚证；未申请的，视为撤回离婚登记申请。”由此可知，离婚冷静期是指在夫妻双方准备离婚时，法律强制规定双方暂时分开考虑清楚是否坚持离婚，并不当场审查是否准予离婚，从而避免夫妻双方因为冲动而草率决定离婚。在我国，离婚冷静期的时间是三十日。期限届满之后，如果双方坚持离婚可以在三十日内再到婚姻登记处领取离婚证。

在本案中，彤彤和大明即使是协议离婚，也需要一段“离婚冷静期”，不能立即领到离婚证。经过三十日的“离婚冷静期”，如果双方仍坚持离婚，可以到婚姻登记机关申请领取离婚证。

法律条文

《中华人民共和国民法典》

第一千零七十七条　自婚姻登记机关收到离婚登记申请之日起三十日内，任何一方不愿意离婚的，可以向婚姻登记机关撤回离婚登记申请。

前款规定期限届满后三十日内，双方应当亲自到婚姻登记机关申请发给离婚证；未申请的，视为撤回离婚登记申请。

一句话说法

婚姻关系是基础的社会关系，应当具有相对的稳定性。夫妻双方在终结婚姻关系时，应当充分考虑各方面的因素，不能因为一时冲动而草率决定。“离婚冷静期”的设定可以给夫妻双方时间上的缓冲，让彼此有充分的时间考虑是否有离婚的必要，从而更好地维护家庭与社会的和谐稳定。

27. 夫妻双方结束婚姻关系后，孩子的抚养权应当归谁？

案例背景

金先生与黄女士经人介绍相识，双方相见恨晚，恋爱不久便步入婚姻殿堂。一年后，孩子灿灿出生了，孩子的到来给家庭增添了温暖。自孩子出生，黄女士便辞职成了全职太太，一心一意照顾家庭。金先生则天天忙于工作，几乎没有时间照顾家庭，二人分歧逐渐增大。黄女士经常怀疑丈夫有外遇，金先生则认为妻子总是无理取闹。双方决定结束婚姻关系，但是就孩子抚养权问题争执不下：金先生认为妻子没有抚养孩子的能力，黄女士认为灿灿还不满两周岁，丈夫没有足够的精力照顾年幼的孩子。

学法有疑

灿灿的抚养权该归谁所有？离婚时，谁能获得孩子的抚养权？

法律讲堂

夫妻双方在结束婚姻关系时，孩子的抚养权问题往往是双方争议的焦点之一，有的父母都想获得孩子的抚养权，有的反之。那么，在离婚时究竟应当怎样确定孩子的抚养权问题？我国《民法典》第一千零八十四条第三款做出了明确规定：“离婚后，不满两周岁的子女，以由母亲直接抚养为原则。已满两周岁的子女，父母双方对抚养问题协议不成的，由人民法院根据双方的具体情况，按照最有利于未成年子女的原则判决。子女已满八周岁的，应当尊重其真实意愿。”由此可见，我国法律根据孩子不同的年龄阶段，对孩子的抚养权归属有不同的确定方式，即两周岁以下一般由女方抚养；两至八周岁，双方协议不成的，由法院根据有利于未成年子女的原则判决；八周岁以上的，应当考虑子女自行选择的意愿，综合决定子女的抚养权归属。

在本案中，灿灿未满两周岁，根据法律规定，灿灿的抚养权一般应当由黄女士获得。

法律条文

《中华人民共和国民法典》

第一千零八十四条 父母与子女间的关系，不因父母离婚而消除。离婚后，子女无论由父或者母直接抚养，仍是父母双方的子女。

离婚后，父母对于子女仍有抚养、教育、保护的权利和义务。

离婚后，不满两周岁的子女，以由母亲直接抚养为原则。已满两周岁的子女，父母双方对抚养问题协议不成的，由人民法院根据双方的具体情况，按照最有利于未成年子女的原则判决。子女已满八周岁的，应当尊重其真实意愿。

一句话说法

夫妻双方在离婚时，难免会因为孩子的抚养权问题产生争议，但是，不论如何争议，都要秉承对孩子成长有利的原则。而且，婚姻关系的变动，不应影响父母与孩子之间的关系。无论抚养权归哪一方所有，都要保证另一方探视的权利。

28. 如果夫妻双方有关于花费大额财产的约定，此约定是否可以对抗善意第三人？

案例背景

魏先生与贾女士认为夫妻双方应当尊重彼此的意见，因此二人在结婚时对夫妻财产处分做出了书面约定：任何一笔超过1万元的开销都需要征得对方的同意。有一次，魏先生参加聚会时，听说朋友的朋友李某准备转行撤场，很多奢侈品正在特价清货。魏先生想给妻子一个惊喜，于是，他花1.5万元从李某手里购买了一个奢侈品包，打算回家送给妻子。没想到，妻子贾女士并没有因为收到这个包而感到开心，而是认为魏先生违反了双方之间的约定，认为这是对她的不尊重。二人大吵了一架，魏先生非常生气，打算将奢侈品包退回。

学法有疑

魏先生能将包退回吗？夫妻双方之间关于处分财产的约定，可以对抗善意第三人吗？

法律讲堂

在现实生活中，有些夫妻之间关于夫妻财产有特殊的约定，即夫妻之间实行财产约定制，这个约定对夫妻双方有效，夫妻二人都应当遵守这一约定，但是该约定不能对抗善意第三人。所谓“善意”，是指“不知道或者应当不知道”。根据我国《民法典》第一千零六十条规定：“夫妻一方因家庭日常生活需要而实施的民事法律行为，对夫妻双方发生效力，但是夫妻一方与相对人另有约定的除外。夫妻之间对一方可以实施的民事法律行为范围的限制，不得对抗善意相对人。”由此可知，当第三人不知道或者应当不知道夫妻之间约定的，不受此约束的限制。

在本案中，魏先生从李某处买包时，李某并不知道魏先生与妻子贾女士之间有关于大额财产处分的约定，李某属于“善意第三人”。因此，魏先生与贾女士之间的约定不能对抗李某，魏先生不能凭这个原因退回此包。

法律条文

《中华人民共和国民法典》

第一千零六十条 夫妻一方因家庭日常生活需要而实施的民事法律行为，对夫妻双方发生效力，但是夫妻一方与相对人另有约定的除外。

夫妻之间对一方可以实施的民事法律行为范围的限制，不得对抗善意相对人。

由于夫妻关系具有很强的私密性，很多约定不能被他人知晓，为了保护善意第三人的合法权益，夫妻二人之间订立的协议，只能约束夫妻二人之间的行为，不能对抗不知情的第三人。

29. 对亲子关系有异议时，能否起诉确认亲子关系？

案例背景

高女士容颜姣好、身材高挑，非常漂亮。在一次聚会上，吴先生对高女士一见钟情，之后对高女士展开了热烈追求。高女士觉得吴先生各方面条件不错，便与吴先生确立了恋爱关系。后来，高女士意外怀孕了，双方奉子成婚。刚开始，日子过得平淡幸福，但后来不断有流言蜚语传到吴先生耳中，说高女士曾经与一位有妇之夫相处，并且二人相识之后高女士也没有和那位有妇之夫断绝来往。吴先生逐渐对高女士失去信任，两人的关系开始产生裂痕。随着孩子长大，高先生发现孩子长得并不像自己，便开始怀疑孩子不是自己亲生的。在一次夫妻吵架后，吴先生提出想带孩子去做亲子鉴定，但是高女士坚决反对。

学法有疑

在高女士反对的情况下，吴先生可以通过起诉的方式确认亲子关系吗？

法律讲堂

在高女士反对的情况下，吴先生可以通过起诉的方式确认亲子关系。在日常生活中，由于夫妻双方关系的变化或特定事件的发生，可能存在父母一方怀疑其与子女之间是否存在亲子关系的情况。为了保护当事人的情感和经济利益，在一方反对配合做亲子鉴定时，另一方可以通过诉讼的方式请求确认是否存在亲子关系。我国《民法典》第一千零七十三条第一款规定：“对亲子关系有异议且有正当理由的，父或者母可以向人民法院提起诉讼，请求确认或者否认亲子关系。”由此可知，父母一方对亲子关系有异议时，可以通过向人民法院提起诉讼的方式，确认与孩子之间是否存在亲子关系。本案中，吴先生有理由怀疑孩子不是自己亲生的，在高女士拒绝配合做亲子鉴定的情况下，他可以向法院提起诉讼，请求确认亲子关系。

法律条文

《中华人民共和国民法典》

第一千零七十三条 对亲子关系有异议且有正当理由的，父或者母可以向人民法院提起诉讼，请求确认或者否认亲子关系。

对亲子关系有异议且有正当理由的，成年子女可以向人民法院提起诉讼，请求确认亲子关系。

亲子关系是一种重要的身份关系，它关系到抚养、赡养、继承等多项法律权利和法律义务。同时，它严重关系到当事人的重要情感投入。因此，确认亲子关系至关重要。不论是父母或者是成年子女，对亲子关系有异议且理由正当时，都可以向法院提起诉讼，请求确认或否认亲子关系。

30. 在解除收养关系时，养父母可以向生父母主张抚养补偿费吗？

案例背景

丽丽18岁外出打工时结识一男子，两人相处一段时间后，丽丽发现自己怀孕了，男子知道该情况后害怕承担责任，便与丽丽断绝联系，自此杳无音讯。丽丽不知所措，独自将孩子生了下来。但是，丽丽无法养活自己，也没有足够的能力抚养孩子，她决定通过当地民政部门将孩子送给有能力的人家，给孩子提供一个良好的成长环境。后来，孩子被王先生夫妇收养。经过3年的打拼，丽丽有了一定的经济基础，但心里一直惦念着自己的孩子，她试图联系王先生夫妇，表示自己想解除收养关系。王先生夫妇听了丽丽的遭遇后表示理解，但提出收养孩子3年期间自己花费不少，如果丽丽想解除收养关系，需要给予他们一定的抚养补偿费。

学法有疑

如果解除收养关系，王先生夫妇可以向丽丽主张抚养补偿费吗？

法律讲堂

王先生夫妇可以向丽丽请求补偿抚养费。在现实生活中，当子女被他人收养之后，有时会有亲生父母向养父母主张解除收养关系的情况。面对这种情况，我国《民法典》第一千一百一十八条第二款规定："生父母要求解除收养关系的，养父母可以要求生父母适当补偿收养期间支出的抚养费；但是，因养父母虐待、遗弃养子女而解除收养关系的除外。"由于在收养孩子期间，养父母会为孩子花费大量的人力、财力，当亲生父母主张解除收养关系时，养父母可以要求亲生父母进行一定的经济补偿。在本案中，丽丽作为孩子的亲生母亲，向收养人王先生夫妇主张解除收养关系，且王先生夫妇不存在虐待、遗弃孩子的情况，因此，王先生夫妇可以主张一定的抚养补偿费。

法律条文

《中华人民共和国民法典》

第一千一百一十八条 收养关系解除后，经养父母抚养的成年养子女，对缺乏劳动能力又缺乏生活来源的养父母，应当给付生活费。因养子女成年后虐待、遗弃养父母而解除收养关系的，养父母可以要求养子女补偿收养期间支出的抚养费。

生父母要求解除收养关系的，养父母可以要求生父母适当补偿收养期间支出的抚养费；但是，因养父母虐待、遗弃养子女而解除收养关系的除外。

大多数养父母在收养孩子以后，会将孩子视如己出，投入大量的精力和爱。在抚养的过程中，养子女会与养父母之间建立深厚的感情。面对亲生父母主张解除收养关系的情况，养父母在情感上会做出很大的牺牲。给予养父母一定的抚养补偿费，无论是从精神上还是经济上，都能使其获得一定的安慰。

31. 父母立遗嘱给孩子指定监护人有效吗?

案例背景

李某是一位单亲爸爸，与年幼的女儿李小某相依为命。某日，李某被查出患有不治之症，已经时日不多。年幼的女儿是李某最牵挂的人。李某把自己的亲戚朋友想了一遍，最后想到在美国的妹妹。他与妹妹商量后，妹妹同意等哥哥不在了，她做侄女的监护人。于是，李某立下遗嘱，指定妹妹李某某做李小某的监护人。

学法有疑

李某所立的关于指定监护人的遗嘱有效吗？

法律讲堂

李某所立的关于指定监护人的遗嘱是有效的。我国《民法典》第二十九条规定："被监护人的父母担任监护人的，可以通过遗嘱指定监护人。"由此可见，父母作为孩子的监护人时，是有权利"托孤"，指定谁做孩子监护人的，这也称为"遗嘱指定"。案例中的李某的做法是有效的。在李某去世后，他的妹妹可以依法成为李小某的监护人。

法律条文

《中华人民共和国民法典》

第二十九条 被监护人的父母担任监护人的，可以通过遗嘱指定监护人。

一句话说法

遗嘱指定情形一般适用于父母身患疾病、面对灾难险情等有可能不能再抚养孩子的情形。通过遗嘱指定的监护人，会更有利于孩子的成长。

第 4 章 买房置业

32. 期房竣工后，小区环境远不如开发商宣传的样子，可以要求开发商承担违约责任吗？

案例背景

小宋和女朋友谈恋爱谈了 3 年，已经到了谈婚论嫁的时候，小宋和家人便开始着手置办婚房。2018 年，小宋在比较过近 10 处楼盘后，选中了位于二环边上的一处洋房。置业顾问宣传竣工后交付的房屋是精装修，被动式，小区绿化达到 30%，区内配备独立幼儿园及健身房。2020 年年初，房子竣工验收后，开发商将房子交付到小宋手中。小宋去拿钥匙时，发现房子是毛坯交付，根本没有安装宣传的被动系统，小区的绿化面积也远不如宣传的面积多，而且根本没有独立幼儿园和健身场所。

学法有疑

在这种交付期房与宣传严重不符的情况下，开发商的虚假宣传是否构成违约？作为业主，小宋应当如何维权？

法律讲堂

为了规范开发商的销售和宣传行为，《最高人民法院关于审理商品房买卖合同纠纷案件适用法律若干问题的解释》第三条规定："商品房的销售广告和宣传资料为要约邀请，但是出卖人就商品房开发规划范围内的房屋及相关设施所作的说明和允诺具体确定，并对商品房买卖合同的订立以及房屋价格的确定有重大影响的，应当视为要约。该说明和允诺即使未载入商品房买卖合同，亦应当视为合同内容，当事人违反的，应当承担违约责任。"由此可见，开发商宣传与商品房实际情况不符存在两种情形，两种情形所受的约束不同：一种是对于宣传资料的一般性描述，只是作为促成开发商成交买卖合同的一种宣传手段，可不受上述条文约束，即不涉及是否违约问题；另一种情形是，开发商所作售楼广告具体而明确，如标明小区内的附属设施，楼房的结构以及朝向、交房条件等，这些内容应当视为双方订立合同的一个基础性内容，是合同的一部分，若这些内容与实际情况不符，则视为开发商违反合同约定，应当承担违约责任。

本案中，开发商宣传的精装修、被动式以及幼儿园、健身房等具体设施属于对商品房的明确规划，应视为合同内容。现开发商交付的房屋未能达到合同约定的条件，已经构成违约，此时，作为业主的小宋有权要求开发商承担违约责任。

法律条文

《最高人民法院关于审理商品房买卖合同纠纷案件适用法律若干问题的解释》

第三条 商品房的销售广告和宣传资料为要约邀请，但是出卖人就商品房开发规划范围内的房屋及相关设施所作的说明和允诺具体确定，并对商品房买卖合同的订立以及房屋价格的确定有重大影响的，应当视为要约。该说明和允诺即使未载入商品房买卖合同，亦应当视为合同内容，当事人违反的，应当承担违约责任。

一句话说法

现实生活中，人们经常收到各种各样的售楼广告和宣传资料，这是开发商为了吸引买房的人而做的一种宣传。但如果开发商虚假宣传，误导了消费者，则需要承担法律责任。在此提醒消费者，在选购房屋和签订房屋买卖合同时一定要谨慎，若受到欺骗要及时拿起法律武器维权。

33. 已经签订房屋买卖合同，房主与他人恶意串通，又将房屋卖给他人，善意买房人该如何维权？

案例背景

2018 年 12 月，常某通过熟人介绍购买了李某所有的一套二手房。该房屋位于市重点中学旁边，性价比非常高，常某当场就与李某签订了房屋买卖合同，并约定 2019 年 6 月交付房屋，李某同意配合办理房屋过户手续。2019 年 5 月，常某带着父母再去看房时，发现房子已被田某实际居住。原来，2019 年 2 月，李某已经将房屋以高价卖给了知情的田某，并将房屋交付给田某使用。

学法有疑

面对一房二卖，常某还能否得到该房屋？

法律讲堂

现实生活中，房屋买卖市场尤其是二手房的买卖市场，经常会出现房主与买家签订房屋买卖合同后，面对房价上涨的诱惑而与他人串通另外订立房屋买卖合同的情形。针对这种情形，《最高人民法院关于审理商品房买卖合同纠纷案件适用法律若干问题的解释》第十条规定："买受人以出卖人与第三人恶意串通，另行订立商品房买卖合同并将房屋交付使用，导致其无法取得房屋为由，请求确认出卖人与第三人订立的商品房买卖合同无效的，应予支持。"因此，在房主与买家签订房屋买卖合同之后，其又与第三人恶意串通而另外订立买卖合同，并将房屋交付给第三人使用，从而导致买受人无法取得房屋的，此时，买受人可以请求人民法院依法认定出卖人与第三人所签订的合同无效，进而维护自己对房屋的占有使用权益。当然，如果第三人属于善意购买，并不知晓之前的房屋买卖问题，而且已经办理了房屋过户登记，则买受人只能讨回购房款及其他损失赔偿，而无法实际取得房屋。

本案中，常某与李某签订房屋买卖合同在前，李某与田某恶意串通订立房屋买卖合同在后，并且将房屋交付给田某。此时，常某有权向法院请求确认李某与田某的合同无效。

法律条文

《最高人民法院关于审理商品房买卖合同纠纷案件适用法律若干问题的解释》

第八条 具有下列情形之一，导致商品房买卖合同目的不能实现的，无法取得房屋的买受人可以请求解除合同、返还已付购房款及利息、赔偿损失，并可以请求出卖人承担不超过已付购房款一倍的赔偿责任：

（一）商品房买卖合同订立后，出卖人未告知买受人又将该房屋抵押给第三人；

（二）商品房买卖合同订立后，出卖人又将该房屋出卖给第三人。

第十条 买受人以出卖人与第三人恶意串通，另行订立商品房买卖合同并将房屋交付使用，导致其无法取得房屋为由，请求确认出卖人与第三人订立的商品房买卖合同无效的，应予支持。

一句话说法

现实生活中，一房多卖的情形时有发生，不但消耗买房人的时间成本，而且严重损坏买房人的权益。因此，买房人在购买房屋时要仔细审查房屋产权，在有保障的平台进行买卖，一旦遭遇一房二卖，可请求法院确认房主和恶意第三人买卖行为的无效，来维护自身权益。

34. 购房者交付定金后反悔，未签订合同，能否主张定金退还？

案例背景

华某看中了某开发商的房子，对小区环境和户型等各方面都很满意，随即向开发商交了2万元定金订购其中一套房屋。之后，华某又到各楼盘看房对比，对另一开发商的房子更满意，于是便联系开发商，打算退掉之前订购的房子，并要求开发商返还2万元定金。但开发商表示，是华某个人原因导致未能签订房屋买卖合同，责任不在开发商，因此定金不能退还。

学法有疑

支付了定金，但未签订房屋买卖合同，是否能要求开发商返还定金？

法律讲堂

首先，应当明确，虽然我们在日常生活中经常混用“定金”“订金”，但实际上，“定金”和“订金”是两个截然不同的法律概念。定金，是一种在合同订立或履行之前支付的一定数额的金钱或替代物作为担保的担保方式，具有一定的法律效力。订金，是一种预付款，不具有担保的性质，除非双方签订的合同另有约定，卖方一般应在签约后将订金及时退还或者抵充价款。本案的2万元应为签订方屋买卖合同而支付的保证金，属于定金。关于定金，根据《民法典》第五百八十七条的规定，债务人履行债务的，定金应当抵作价款或者收回。给付定金的一方不履行债务或者履行债务不符合约定，致使不能实现合同目的的，无权请求返还定金；收受定金的一方不履行债务或者履行债务不符合约定，致使不能实现合同目的的，应当双倍返还定金。《最高人民法院关于审理商品房买卖合同纠纷案件适用法律若干问题的解释》第四条也做出专门规定，出卖人通过认购、订购、预订等方式向买受人收受定金作为订立商品房买卖合同担保的，如果因当事人一方原因未能订立商品房买卖合同，应当按照法律关于定金的规定处理；因不可归责于当事人双方的事由，导致商品房买卖合同未能订立的，出卖人应当将定金返还买受人。综上可知，定金作为一种合同的保证金，在买方违约的情况下，是不能要回的；若卖方违约，则可主张双倍返还。

本案中，华某支付的 2 万元不属于“订金”，而是起着合同保证作用的“定金”。在华某因个人原因导致不再签订房屋买卖合同的情况下，华某作为买方违约，应自己承担该损失，不能主张定金返还。

法律条文

《中华人民共和国民法典》

第五百八十七条 债务人履行债务的，定金应当抵作价款或者收回。给付定金的一方不履行债务或者履行债务不符合约定，致使不能实现合同目的的，无权请求返还定金；收受定金的一方不履行债务或者履行债务不符合约定，致使不能实现合同目的的，应当双倍返还定金。

《最高人民法院关于审理商品房买卖合同纠纷案件适用法律若干问题的解释》

第四条 出卖人通过认购、订购、预订等方式向买受人收受定金作为订立商品房买卖合同担保的，如果因当事人一方原因未能订立商品房买卖合同，应当按照法律关于定金的规定处理；因不可归责于当事人双方的事由，导致商品房买卖合同未能订立的，出卖人应当将定金返还买受人。

一句话说法

购房者不要盲目交付定金，一定要考虑清楚，并且在明确合同内容、合同性质等情况后再交付定金，且定金的性质一定要在合同中明确约定。如果不清楚“订金”与“定金”的区别，可以咨询律师，不要被开发商的文字游戏欺骗。

35. 买房后开发商迟迟未交付房产证，能否要求开发商承担违约责任？

案例背景

2017年10月，张某在某开发商处购买了一套位于郊区的期房，合同约定2018年12月底交房，但并未约定交付房屋所有权证书的时间。2018年11月，房子竣工验收。2018年12月20日，开发商按照合同约定将房屋交付给张某。张某向开发商询问交付房产证的时间，开发商一直说过几个月才能办理下来。2019年4月，距离房屋交付已经过去4个月时间，张某再次催促开发商交付房产证，开发商仍借口推脱。

学法有疑

交房后开发商迟迟未交付房产证，买受人能否要求开发商承担违约责任？

法律讲堂

《最高人民法院关于审理商品房买卖合同纠纷案件适用法律若干问题的解释》第十八条第一款根据不同情形，对出卖人在应交付而未交付房屋权属证书方面承担的责任作出了规定："由于出卖人的原因，买受人在下列期限届满未能取得房屋权属证书的，除当事人有特殊约定外，出卖人应当承担违约责任：（一）商品房买卖合同约定的办理房屋所有权登记的期限；（二）商品房买卖合同的标的物为尚未建成房屋的，自房屋交付使用之日起90日；（三）商品房买卖合同的标的物为已竣工房屋的，自合同订立之日起90日。"此外，合同没有约定违约金或者损失数额难以确定的，可以按照已付购房款总额，参照中国人民银行规定的金融机构计收逾期贷款利息的标准计算。由此可知，在商品房买卖合同中，开发商负有交付房产证的义务。但是，在是否有特殊约定以及房屋是否竣工等不同情形下，开发商交付房产证的期限也有所不同。合同对交房期限和办理产权登记有特殊约定的要遵守约定。如无约定，要根据房屋是否竣工，按不同标准计算交房期限。如果超过法定时间，开发商仍未交付房产证，买受人可以主张违约责任及损失赔偿。

在本案中，张某签订合同时房屋尚未建成，且合同对交付房产证的时间未做约定，因此开发商应按照法律规定的“自房屋交付使用之日起 90 日”，即 2019 年 3 月 20 日前交付房产证。现开发商已明显逾期交付，构成违约，因此，张某有权要求其承担违约责任。

法律条文

《最高人民法院关于审理商品房买卖合同纠纷案件适用法律若干问题的解释》

第十八条 由于出卖人的原因，买受人在下列期限届满未能取得房屋权属证书的，除当事人有特殊约定外，出卖人应当承担违约责任：

（一）商品房买卖合同约定的办理房屋所有权登记的期限；

（二）商品房买卖合同的标的物为尚未建成房屋的，自房屋交付使用之日起 90 日；

（三）商品房买卖合同的标的物为已竣工房屋的，自合同订立之日起 90 日。

合同没有约定违约金或者损失数额难以确定的，可以按照已付购房款总额，参照中国人民银行规定的金融机构计收逾期贷款利息的标准计算。

一句话说法

交付房屋权属证书是开发商必须履行的一项义务。买房人在签订房屋买卖合同时一定要对交付房产证的日期作出明确约定，以此约束并督促开发商履行该义务。一旦开发商出现逾期交付的行为，买房人要及时拿起法律武器，要求其承担违约责任，并赔偿自身损失。

36. 房屋的毁损风险从什么时间开始转移?

案例背景

陆某在某楼盘看中一套两室一厅的房子，由于对户型和小区地理位置都很满意，当天他就和房地产开发公司签订了房屋买卖合同。合同约定交房日期为2019年6月20日。到期后，房地产开发公司的工作人员向陆某邮寄了书面交房通知，陆某收到该通知后电话联系房地产公司，称自己后悔了，不想买这套房子了，拒绝接收房屋。2019年6月28日，该套房屋由于暴雨和雷击的原因受到严重毁损。

学法有疑

在这种情况下，该房屋的毁损和灭失风险应该由陆某承担还是房地产公司承担?

法律讲堂

《最高人民法院关于审理商品房买卖合同纠纷案件适用法律若干问题的解释》第十一条规定：“对房屋的转移占有，视为房屋的交付使用，但当事人另有约定的除外。房屋毁损、灭失的风险，在交付使用前由出卖人承担，交付使用后由买受人承担；买受人接到出卖人的书面交房通知，无正当理由拒绝接收的，房屋毁损、灭失的风险自书面交房通知确定的交付使用之日起由买受人承担，但法律另有规定或者当事人另有约定的除外。”由此可知，房屋的毁损和灭失风险负担是会随着房屋的交付使用而转移的，在房屋交付使用之前，房屋毁损、灭失的风险由出卖人承担；而在房屋交付使用之后，由于房屋已经交由买受人占有使用，因此风险也由买受人承担。如果买受人无正当理由拒绝接收书面的交房通知，原则上从书面通知确定的交付使用之日起，该房屋的毁损、灭失风险就转移到买受人一方。

本案中，尽管陆某未实际占有使用该房屋，但是2019年6月20

日是书面交房通知中确定的交付使用日期，陆某收到该通知后无正当理由拒绝接收，因此自2019年6月20日起，房屋的毁损、灭失风险就已经转移给陆某，房屋因暴雨和雷击受到的毁损，应当由陆某自己承担。

法律条文

《最高人民法院关于审理商品房买卖合同纠纷案件适用法律若干问题的解释》

第十一条 对房屋的转移占有，视为房屋的交付使用，但当事人另有约定的除外。

房屋毁损、灭失的风险，在交付使用前由出卖人承担，交付使用后由买受人承担；买受人接到出卖人的书面交房通知，无正当理由拒绝接收的，房屋毁损、灭失的风险自书面交房通知确定的交付使用之日起由买受人承担，但法律另有规定或者当事人另有约定的除外。

一句话说法

以交付使用作为房屋风险转移的节点，其出发点是，标的物交付后，买受人对标的物可直接行使占有、管理乃至使用、收益权，占有人维护标的物最为方便，并能有效防范风险的发生。同时，这也有利于促使占有人尽自己最大的努力来维护标的物，减少标的物的风险。因此，买受人在签订合同时要谨慎，对交付及其风险转移做出详细约定，并严格遵守。

37. 根据仲裁裁决而取得的房屋，能否单方申请过户？

案例背景

康某和权某因房屋所有权问题产生争议，两人都认为自己是房屋的所有权人，后双方协商决定到某市仲裁委员会进行仲裁。经过开庭审理后，仲裁委员会最终出具了裁决书，裁决结果为："该房屋的所有权归康某所有。"裁决生效后，康某想尽快办理过户事宜，但是房屋的现居住者权某表示自己是不会配合其办理手续的。

学法有疑

康某依据仲裁裁决取得房屋的所有权后，能否单独申请过户？

法律讲堂

我国《民法典》第二百二十九条规定："因人民法院、仲裁机构的法律文书或者人民政府的征收决定等，导致物权设立、变更、转让或者消灭的，自法律文书或者征收决定等生效时发生效力。"第二百三十二条规定："处分依照本节规定享有的不动产物权，依照法律规定需要办理登记的，未经登记，不发生物权效力。"由此可知，人民法院、仲裁委员会的法律文书一旦生效，房屋的所有权就会发生设立、变更、转让或消灭，但是此时的物权并不完整，是不能对抗善意第三人的，还是需要到相关部门办理不动产登记。关于登记的程序，我国《不动产登记暂行条例》第十四条规定，人民法院、仲裁委员会生效的法律文书或者人民政府生效的决定等设立、变更、转让、消灭不动产权利的，可以由当事人单方申请。

本案中，康某通过仲裁委员会的裁决书取得了房屋的所有权，但是该所有权并不能对抗善意第三人，康某还需尽快到不动产登记部门进行登记，此时不需要别人配合，康某可以单方申请不动产变更登记。

法律条文

《不动产登记暂行条例》

第十四条 因买卖、设定抵押权等申请不动产登记的，应当由当事人双方共同申请。

属于下列情形之一的，可以由当事人单方申请：

（一）尚未登记的不动产首次申请登记的；

（二）继承、接受遗赠取得不动产权利的；

（三）人民法院、仲裁委员会生效的法律文书或者人民政府生效的决定等设立、变更、转让、消灭不动产权利的；

（四）权利人姓名、名称或者自然状况发生变化，申请变更登记的；

（五）不动产灭失或者权利人放弃不动产权利，申请注销登记的；

（六）申请更正登记或者异议登记的；

（七）法律、行政法规规定可以由当事人单方申请的其他情形。

《中华人民共和国民法典》

第二百二十九条 因人民法院、仲裁机构的法律文书或者人民政府的征收决定等，导致物权设立、变更、转让或者消灭的，自法律文书或者征收决定等生效时发生效力。

第二百三十二条 处分依照本节规定享有的不动产物权，依照法律规定需要办理登记的，未经登记，不发生物权效力。

一句话说法

现实生活中，房屋所有权的变更可能由多种原因导致，如买卖、赠与、法院判决等。但是不论以何种方式取得的房屋所有权，当事人都必须到房管部门进行登记，只有这样才能取得完整的所有权，保障自己的合法权益。

38. 房屋买卖合同的签订需要具备什么样的条件才能生效？

案例背景

小胡今年17岁，初中辍学后就一直在外打工，每月工资只有一两千块钱，根本不够维持自己的生活，每月父母都给他补贴。今年5月，小胡在朋友的推荐下，看中了一套位于市中心的二手房，对房屋的装修、地理位置等相当满意，觉得有很大的升值空间，便在朋友的鼓动下与房东签订了房屋买卖合同。合同签订后，小胡才将此事告知父母。

学法有疑

小胡签订的房屋买卖合同是否已经生效？

法律讲堂

合同生效，指的是已经成立的合同具有法律约束力。合同是否生效，取决于合同是否符合法律规定的有效条件。一般情况下，房屋买卖合同的生效需要具备以下条件：一、合同主体适格，即买卖双方都必须具有完全的民事行为能力。不同民事行为能力的自然人所能从事的民事活动各不相同。《民法典》将自然人的民事行为能力分为三种，即完全民事行为能力、限制民事行为能力和无民事行为能力。根据《民法典》第十七条、第十八条规定可知，订立合同时精神正常的十八周岁以上的公民，以及已满十六周岁不满十八周岁的公民，以自己的劳动收入为主要生活来源的，属于完全民事行为能力人，具有相应的缔约行为能力，可以作为房屋买卖的主体签订合同。二、买卖双方意思表示真实。一方在被欺诈、胁迫或者重大错误下订立的合同往往非其真实意思表示，属于无效或可撤销的合同，因此买卖双方签订合同时，要出于真实的意思表示。另外，如果双方当事人认为合同中有不合理的条款或者有未明确的地方，均可以提出修改意见，或者增加补充协议。三、合同的内容不得违反法律和行政法规。法律和行政法规都是国家制定的，具有强制力，必须遵守，不得通过协商加以改变。因此买卖双方在签订房屋买卖合同时不能订立与国家的法律、行政法规相违背的合同条款，一旦违反，会导致合同无效。四、合同不得违反国家利益和社会公共利益。国家利益和社会公共利益也是与每个人息息相关的，不能损害，当事人签订买卖合同时一定不能违反国家利益和社会公共利益，否则合同就是无效的。只要满足了上述四个条件，房屋买卖合同就是有效的。如果违反了上述四个条件之一，就会导致合同无效或部分无效。

本案中，小胡作为签订合同的主体，已满十六周岁，但未满十八周岁，且不能以劳动收入作为主要生活来源，在法律上不属于完全民事行为能力人，不具备合同主体要件，因此签订的合同是无效的。

法律条文

《中华人民共和国民法典》

第十七条　十八周岁以上的自然人为成年人。不满十八周岁的自然人为未成年人。

第十八条　成年人为完全民事行为能力人，可以独立实施民事法律行为。

十六周岁以上的未成年人，以自己的劳动收入为主要生活来源的，视为完全民事行为能力人。

合同是否生效，取决于合同是否合格，要件是否完备。在此提醒大家，在签订合同前，要仔细审核签约主体是否具备完全民事行为能力，阅读文件内容是否合法，在合同中是否存在对自己的隐患，如果存在，应当面提出，避免权益受损。

39. 业主能否以未享受物业服务为由拒绝交纳物业费?

案例背景

2016 年，谭某购买了某小区的一套房屋。2018 年 1 月，到了约定交房的日子，开发商通知谭某来领取房屋的钥匙，谭某一直以种种理由未领取。2020 年 1 月，谭某想要装修该房屋，才到开发商处领取了房屋钥匙。物业得知后，向谭某发送了书面的补交物业费的通知，要求其补交 2018 年 1 月至 2020 年 1 月的物业费。谭某觉得钥匙一直在开发商手里，自己并未入住该小区，未享受物业服务，不应当交纳物业费。

学法有疑

谭某的主张是否成立？业主能否以未享受物业服务为由拒绝交纳物业费？

法律讲堂

物业合同是物业公司与本小区的业主委员会签订的，合同的效力约束每一位业主。虽然某个业主某一段时间不在小区居住，但是物业服务从未停止，且使得小区建筑物及其附属设施正常运行，该业主仍然间接地接受了物业公司的服务。物业公司仍在正常履行合同义务，那么，业主就应当承担付费的义务。关于物业费交纳的问题，《最高人民法院关于审理物业服务纠纷案件具体应用法律若干问题的解释》第六条对此有专门的规定："经书面催交，业主无正当理由拒绝交纳或者在催告的合理期限内仍未交纳物业费，物业服务企业请求业主支付物业费的，人民法院应予支持。物业服务企业已经按照合同约定以及相关规定提供服务，业主仅以未享受或者无需接受相关物业服务为抗辩理由的，人民法院不予支持。"由此可知，物业费是业主在物业服务企业按照合同约定履行物业管理服务后应当给付的对价，业主负有按时交纳物业费的义务，不得以未享受物业服务或者无需接受相关服务为由拒绝承担物业费。

本案中，谭某应当领取房屋钥匙而未领取房屋钥匙，导致房屋空置，但是房屋间接享受了物业的服务，此时是应当交纳物业费的。谭某的理由并不成立，其仍需交纳相关费用。

法律条文

《最高人民法院关于审理物业服务纠纷案件具体应用法律若干问题的解释》

第六条 经书面催交，业主无正当理由拒绝交纳或者在催告的合理期限内仍未交纳物业费，物业服务企业请求业主支付物业费的，人民法院应予支持。物业服务企业已经按照合同约定以及相关规定提供服务，业主仅以未享受或者无需接受相关物业服务为抗辩理由的，人民法院不予支持。

随着物业管理服务从新生走向成熟，在这一过程中也滋生了很多纠纷，其中最多的就是物业费纠纷。按照法律规定，业主在物业公司提供物业服务后应按时交纳物业费。物业公司也应积极履行各项义务，一旦未按约定或相关规定提供服务的，业主可以主张未享受相关物业服务的抗辩，继而不支付或减少支付物业费，但是并不代表其可以拒交全部物业费。

40. 把小区的健身广场改为休息凉亭，决定权在谁手中？

案例背景

朱某是盛世嘉园小区的一位业主，该小区一直以环境好、配套设施齐全在周边小区闻名。朱某对小区也很满意，唯独有一点让他觉得有待改进，那就是小区里有两个健身广场，设置了很多健身器材，但是只有其中一个广场使用率高，另一个一直处于闲置状态。朱某觉得小区缺少一个供业主休息纳凉的凉亭。朱某在业主群里反映了这个问题，很多业主都建议将健身广场改为休息凉亭。

学法有疑

把小区的健身广场改为休息凉亭，谁享有该事项的决定权？

法律讲堂

首先，针对小区内公共场所的所有权问题，《民法典》第二百七十四条规定："建筑区划内的道路，属于业主共有，但是属于城镇公共道路的除外。建筑区划内的绿地，属于业主共有，但是属于城镇公共绿地或者明示属于个人的除外。建筑区划内的其他公共场所、公用设施和物业服务用房，属于业主共有。"因此，可以改建为休息凉亭的场所必须是建筑区划内的公共场所，这是属于业主共有的。那么，对业主共有的公共场所进行改建的决定权在谁手中？对此，《物业管理条例》第十一条做出了明确规定："下列事项由业主共同决定：……（六）改建、重建建筑物及其附属设施；……"由此可知，小区的业主有权决定把共有的健身广场改为休息凉亭，但依法要由业主集体决定，即需要经过专有部分占建筑物总面积三分之二以上的业主且占总人数三分之二以上的业主同意。

本案中，如果朱某和其他业主想要将小区里的健身广场改建为休息凉亭，决定权是在业主手里的，但需要经过专有部分占建筑物总面积三分之二以上的业主且占总人数三分之二以上的业主同意，之后才可以进行公共场所的改建。

法律条文

《中华人民共和国民法典》

第二百七十四条 建筑区划内的道路，属于业主共有，但是属于城镇公共道路的除外。建筑区划内的绿地，属于业主共有，但是属于城镇公共绿地或者明示属于个人的除外。建筑区划内的其他公共场所、公用设施和物业服务用房，属于业主共有。

《物业管理条例》

第十一条 下列事项由业主共同决定：

（一）制定和修改业主大会议事规则；

（二）制定和修改管理规约；

（三）选举业主委员会或者更换业主委员会成员；

（四）选聘和解聘物业服务企业；

（五）筹集和使用专项维修资金；

（六）改建、重建建筑物及其附属设施；

（七）有关共有和共同管理权利的其他重大事项。

第十二条第三款 业主大会决定本条例第十一条第（五）项和第（六）项规定的事项，应当经专有部分占建筑物总面积2/3以上的业主且占总人数2/3以上的业主同意；决定本条例第十一条规定的其他事项，应当经专有部分占建筑物总面积过半数的业主且占总人数过半数的业主同意。

小区共有部分是属于业主共有的，任何单一业主或者物业公司均无权自行处置，否则构成侵权。共有部分改建、重建时，必须遵循的原则是召开业主大会，并经专有部分占建筑物总面积2/3以上的业主且占总人数2/3以上的业主同意；未同意的业主的意见，应当予以重视，否则，业主有权请求人民法院撤销业主大会的决定。

41. 小区灯箱内商业广告的收益归谁？业主是否享有该权益？

案例背景

杨某居住在某高档别墅小区内，小区的物业是国内有名的物业公司。在该物业公司的管理下，小区不仅环境好而且人文色彩很浓厚。小区内的路边设置了很多灯箱，里面张贴了很多有品位的画报，让小区业主很满意。但是，最近，杨某发现小区灯箱内的画报都换成了各式各样的商业广告，引起了业主的不满。物业公司向业主反映，灯箱内的广告是物业公司负责联系的，由此所得的收益归业主共同所有，业主这才松了一口气。

学法有疑

小区灯箱内广告的收益，到底由谁享有呢？

法律讲堂

根据《民法典》第二百七十一条规定："业主对建筑物内的住宅、经营性用房等专有部分享有所有权，对专有部分以外的共有部分享有共有和共同管理的权利。"《物业管理条例》第五十四条的规定："利用物业共用部位、共用设施设备进行经营的，应当在征得相关业主、业主大会、物业服务企业的同意后，按照规定办理有关手续。业主所得收益应当主要用于补充专项维修资金，也可以按照业主大会的决定使用。"由此可知，业主对小区内的共有部分是享有共有权和管理权的，利用共有部分进行经营的，必须事先取得相关权利人的同意并办理相关手续，由此获得的收益应当用作小区专项维修资金或由业主大会决定使用。

本案中，杨某居住的小区路边的灯箱应属于专有部分以外的共有部分，业主对其享有共有权和管理权，所以，灯箱内投放的商业广告的收益应当归业主享有。当然，物业公司必须在取得业主们的同意并办理相关手续后才能投放广告，并且因广告而产生的收益应当由业主大会决定如何使用，或者直接用于小区专项维修资金。

法律条文

《中华人民共和国民法典》

第二百七十一条 业主对建筑物内的住宅、经营性用房等专有部分享有所有权，对专有部分以外的共有部分享有共有和共同管理的权利。

《物业管理条例》

第五十四条 利用物业共用部位、共用设施设备进行经营的，应当在征得相关业主、业主大会、物业服务企业的同意后，按照规定办理有关手续。业主所得收益应当主要用于补充专项维修资金，也可以按照业主大会的决定使用。

现实生活中，通常会由于小区缺少业主委员会、相关法律方面有空白或者执法部门的监管力度不够，导致很多物业公司侵害业主权益。在此提醒广大业主，在涉及权益分配时，一定要切实维护自身利益，不要被物业公司蒙骗。

42. 房屋征收中，房屋补偿方式有哪几种？

案例背景

郝某是居住在某旧小区的一名居民，在该小区居住了近20年，一家四口仅有这一套住房。2019年12月，政府下发通知，由于地铁规划，设置地铁站，需要征收郝某居住的小区，小区内的所有房屋都在拆迁范围之内。后政府拆迁部门找到郝某，与其商议房屋征收补偿事宜。政府表示会按照郝某现有房屋的面积折价进行钱款补偿。郝某一家人想要房子。

学法有疑

在房屋征收中，被征收人可以选择的房屋补偿方式都有哪些？

法律讲堂

关于房屋征收补偿的方式，《国有土地上房屋征收与补偿条例》第二十一条第一款、第二款规定："被征收人可以选择货币补偿，也可以选择房屋产权调换。被征收人选择房屋产权调换的，市、县级人民政府应当提供用于产权调换的房屋，并与被征收人计算、结清被征收房屋价值与用于产权调换房屋价值的差价。"由该规定可知，在房屋被征收时，政府对被征收人进行补偿的方式主要有两种：一种是货币补偿，即征收人按照相关机构对被征收人房屋的评估价格以货币的形式给予补偿；另一种是房屋产权调换，即征收人用自己开发或者购买的房屋与被征收人的房屋进行产权调换，同时计算出被征收房屋与产权调换房屋之间的差价。被征收人在这两种方式中是可以进行自由选择的。

本案中，郝某的房屋被征收，此时有两种补偿方式，郝某可以根据自身的实际需要，自由选择房屋补偿或者货币补偿。

法律条文

《国有土地上房屋征收与补偿条例》

第二十一条 被征收人可以选择货币补偿，也可以选择房屋产权调换。

被征收人选择房屋产权调换的，市、县级人民政府应当提供用于产权调换的房屋，并与被征收人计算、结清被征收房屋价值与用于产权调换房屋价值的差价。

因旧城区改建征收个人住宅，被征收人选择在改建地段进行房屋产权调换的，作出房屋征收决定的市、县级人民政府应当提供改建地段或者就近地段的房屋。

在房屋征收补偿中，无论是货币补偿，还是产权调换，都应当秉承等价交换原则。现实生活中，经常会出现漫天要价的“钉子户”，过高估算被征收房屋的价值，进而与征收方产生纠纷。遇到这种问题的时候，不要采用过激的方式来解决问题，这只会加剧冲突，被征收人一定要理性与拆迁方进行协商谈判，妥善处理房屋征收补偿问题。

43. 因拆迁搬家而产生的费用是否包含在补偿范围之内？

案例背景

张某是某村村民。2019 年 10 月，县政府发出通知，由于修建高速公路的需要，计划对沿线村庄的房屋及土地进行征收。张某家的房屋正好属于被征收的范围。张某与政府征收部门进行了多次协商后，确定了货币补偿的征收补偿方式。由于施工需要，政府通知张某，2019 年 12 月底前必须搬走。张某一家在该房屋居住多年，家居用品很多，搬迁过程复杂，可能需要花费不少的搬迁费用。

学法有疑

房屋拆迁补偿款是否包含被征收人的搬迁费用？

法律讲堂

《国有土地上房屋征收与补偿条例》第十七条明确规定，作出房屋征收决定的市、县级人民政府对被征收人给予的补偿包括因征收房屋造成的搬迁、临时安置的补偿。同时，该法第二十二条规定："因征收房屋造成搬迁的，房屋征收部门应当向被征收人支付搬迁费；选择房屋产权调换的，产权调换房屋交付前，房屋征收部门应当向被征收人支付临时安置费或者提供周转用房。"综上可知，因为房屋被征收而支出的搬迁费用属于房屋征收补偿款的范围，征收部门在计算时应当一并予以补偿。

本案中，张某的搬迁费用属于房屋征收补偿款范围，应由政府支付，张某不必过于担心。

法律条文

《国有土地上房屋征收与补偿条例》

第十七条第一款 作出房屋征收决定的市、县级人民政府对被征收人给予的补偿包括：

（一）被征收房屋价值的补偿；

（二）因征收房屋造成的搬迁、临时安置的补偿；

（三）因征收房屋造成的停产停业损失的补偿。

第二十二条 因征收房屋造成搬迁的，房屋征收部门应当向被征收人支付搬迁费；选择房屋产权调换的，产权调换房屋交付前，房屋征收部门应当向被征收人支付临时安置费或者提供周转用房。

房屋征收过程中，被征收人在与征收部门签订征收补偿合同时，一定要看清楚征收补偿款的范围，掌握一些必需的补偿费用，让自己更加充分地保障自己的权益，明确自己的补偿内容信息。

第5章 房屋租赁

44. 房屋租赁前就被抵押，抵押权人收房时可以要求租户搬离吗？

案例背景

张某与妻子原来都是某酒店的职工，后来，因酒店破产，张某与妻子失业。失业之后，两人一直很难找到称心的工作，因此，准备开一家小吃店。于是，张某夫妇便在某小区租了一家店面。可是，张某夫妇的小吃店刚刚开业三个月，就收到通知，称该房屋已经被房东抵押，并办理了抵押登记。现在房东无法按时还款，抵押权人要求张某夫妇立即搬离该店面。后来，张某夫妇才得知，原来该店面在出租给他们之前，就已经被房东抵押给了别人。但是，张某夫妇认为，他们并不知情，故拒绝搬离该店面。

学法有疑

房屋租赁前就被抵押的，抵押权人收房时可以要求租户搬离吗？

法律讲堂

房屋租赁前就被抵押，抵押权人在收回房屋时，可以要求租户搬离房屋。对此，我国《民法典》第四百零五条规定："抵押权设立前，抵押财产已经出租并转移占有的，原租赁关系不受该抵押权的影响。"由此可见，只有房屋是在抵押设立之前出租并入住的，原来的租赁关系才不受影响，即租赁权具有对抗力。在本案中，由于张某夫妇所承租的店面在其承租之前已经被房东抵押给他人，并办理了抵押登记，因此，在抵押权人收回房屋时，是可以要求张某夫妇搬离该店面的。对于张某夫妇搬出店面所造成的损失，可以要求房东承担违约责任。

法律条文

《中华人民共和国民法典》

第四百零五条 抵押权设立前，抵押财产已经出租并转移占有的，原租赁关系不受该抵押权的影响。

在承租房屋时，作为承租人，一定要事先查明承租的房屋是否已经抵押给他人，否则，一旦在租赁之前房子已被抵押给他人的，承租人的租赁权就会受到损害。在第三人实现抵押权时，承租人就面临搬离出租房屋的风险。

45. 业主在不知情的情况下将房屋租给传销组织，违法吗？

案例背景

徐某是某公司职员。因女儿马上要上小学，为了让女儿接受更好的教育，徐某便和妻子买了一套学区房。搬到新房之后，徐某便准备将原来的房子出租给他人。徐某贴了出租房屋的广告之后，很快就有人联系徐某，经过协商，王某等人以高价承租了徐某的房子，双方签订了房屋租赁合同，并在合同中写明不允许王某等人从事违法犯罪活动。然而，在房屋出租了两个月之后，王某就被公安机关拘留，徐某也被公安机关通知，要求其到公安机关协助调查。原来，王某等人是一个传销组织，利用徐某的房屋从事传销活动。为此，徐某非常担心，害怕自己也会受到处罚。

学法有疑

业主在不知情的情况下将房屋出租给传销组织的，需要承担法律责任吗？

法律讲堂

业主在不知情的情况下，将房屋出租给传销组织的，无需承担法律责任。对此，我国《治安管理处罚法》第五十七条第二款规定："房屋出租人明知承租人利用出租房屋进行犯罪活动，不向公安机关报告的，处二百元以上五百元以下罚款；情节严重的，处五日以下拘留，可以并处五百元以下罚款。"此外，《商品房屋租赁管理办法》第七条规定，在租赁房屋时，出租人可以在合同中写明房屋的租赁用途与使用要求。据此可知，如果出租人在不知情的情况下，将房屋出租给传销组织的，出租人是不需要承担法律责任的。如果出租人明知承租人利用房屋进行传销活动，则必须向公安机关报告，否则会受到相应的治安管理处罚。在本案中，徐某作为出租人，并不知道王某等人在房屋中从事违法犯罪活动，并且其已经在租赁合同中写明"王某等人不得在房屋中从事违法犯罪活动"。故徐某是不需要承担法律责任的。

法律条文

《商品房屋租赁管理办法》

第七条 房屋租赁当事人应当依法订立租赁合同。房屋租赁合同的内容由当事人双方约定，一般应当包括以下内容：

……

（四）租赁用途和房屋使用要求；

……

《中华人民共和国治安管理处罚法》

第五十七条 房屋出租人将房屋出租给无身份证件的人居住的，或者不按规定登记承租人姓名、身份证件种类和号码的，处二百元以上五百元以下罚款。

房屋出租人明知承租人利用出租房屋进行犯罪活动，不向公安机关报告的，处二百元以上五百元以下罚款；情节严重的，处五日以下拘留，可以并处五百元以下罚款。

作为出租人，在出租房屋时，一定要在租赁合同中写明租赁房屋的用途与使用要求，禁止承租人利用房屋从事违法活动。当出租人发现承租人在租赁房屋中从事相关违法犯罪活动时，应及时向公安机关报告，否则将会受到相应的处罚。

46. 房东与多人签订房屋租赁合同，谁可以租住房屋？

案例背景

小吴大学毕业后，在当地找到了一份工作。由于暂时没钱买房子，小吴就租了一个一居室，并与房东签订了一年的房屋租赁合同。但是，当小吴准备搬到自己租的房子里居住时，却意外地发现杜某已经住进该房屋。经过了解，小吴才知道，原来房东不只与他签订了房屋租赁合同，还与杜某签订了一份租赁合同。对此，小吴非常生气，认为自己已经与房主签订了合同，而且比杜某早签半个月，因此，他认为杜某应该从房子中搬出去。

学法有疑

请问小吴可以入住该房子吗？房东与多人签订房屋租赁合同的，谁可以租住房屋？

法律讲堂

小吴不能到其承租的房子中居住，只能要求房东承担违约责任。关于出租人就同一房屋签订多份房屋租赁合同的情况，在现实生活中时有发生，因此产生的纠纷也不在少数。对此，《最高人民法院关于审理城镇房屋租赁合同纠纷案件具体应用法律若干问题的解释》第六条的规定："出租人就同一房屋订立数份租赁合同，在合同均有效的情况下，承租人均主张履行合同的，人民法院按照下列顺序确定履行合同的承租人：（一）已经合法占有租赁房屋的；（二）已经办理登记备案手续的；（三）合同成立在先的。不能取得租赁房屋的承租人请求解除合同、赔偿损失的，依照合同法的有关规定处理。"据此可知，法律明确规定，在房东就同一房屋签订多份有效的房屋租赁合同时，如果承租人都要求履行合同，则已经合法占有租赁房屋的人优先享有承租权。在上述案例中，小吴与杜某作为承租人，两人都要求履行房屋租赁合同时，因杜某已经在房屋中居住，因此其优先享有承租权。换言之，在上面的情况下，不是根据合同成立的先后来确定履行顺序的。

法律条文

《最高人民法院关于审理城镇房屋租赁合同纠纷案件具体应用法律若干问题的解释》

第六条 出租人就同一房屋订立数份租赁合同，在合同均有效的情况下，承租人均主张履行合同的，人民法院按照下列顺序确定履行合同的承租人：

（一）已经合法占有租赁房屋的；

（二）已经办理登记备案手续的；

（三）合同成立在先的。

不能取得租赁房屋的承租人请求解除合同、赔偿损失的，依照合同法①的有关规定处理。

一句话说法

在现实生活中，我们在租赁房屋时，应该将房屋的相关情况了解清楚。房东因签订多份合同，造成无法履行合同时，我们可以要求其根据合同规定承担违约责任。

① 现已吸收进入《中华人民共和国民法典》。

47. 房屋租赁合同的期限可以超过 20 年吗?

案例背景

杜某夫妇是某村村民，两人一直在外地打工。后来，女儿到了上学的年龄，夫妻二人为了能够更好地照顾女儿，准备将女儿接到市里来上小学。为了生活稳定，他们准备与房东签订长期租赁合同。于是，杜某夫妇找到房东，希望能与他签订 25 年期限的租赁合同。但是，房东李某称房屋租赁合同的期限不能超过 20 年。对此，杜某夫妇非常不理解，认为对于房东而言，房屋租赁期限越长越好。

学法有疑

请问房东的说法是否正确？房屋租赁合同可以超过 20 年吗？

法律讲堂

房屋租赁合同的期限不能超过 20 年。对此，我国《民法典》第七百零五条规定："租赁期限不得超过二十年。超过二十年的，超过部分无效。租赁期限届满，当事人可以续订租赁合同；但是，约定的租赁期限自续订之日起不得超过二十年。"据此可知，租赁合同的期限不能超过 20 年，超过 20 年的合同部分无效。在上述案例中，房东李某的说法是正确的。即使杜某与李某签订了 25 年期限的房屋租赁合同，超过法律规定期限的 5 年，也是不受法律保护的。法律之所以规定房屋租赁合同不能超过 20 年，是为了保护双方当事人的合法权益。因为在签订长期租赁合同之后，在履行合同的过程中，可能会出现一些原因导致一方毁约，比如随着经济的发展，房屋租赁的价格可能会上涨。所以，杜某夫妇可以与李某签订 20 年租赁期限的合同，在合同期限届满后，可以继续续订合同。

法律条文

《中华人民共和国民法典》

第七百零五条 租赁期限不得超过二十年。超过二十年的，超过部分无效。

租赁期限届满，当事人可以续订租赁合同；但是，约定的租赁期限自续订之日起不得超过二十年。

在日常生活中，租赁房屋是很常见的现象。但是，在签订租赁合同时，不管是承租人还是出租人都要注意，房屋租赁合同的期限是不能超过二十年的最长法定期限的，以免任意约定期限，给自己带来不必要的麻烦。

48. 将地下储藏室改造出租给他人的行为是否合法?

案例背景

李某是某公司的经理，其父母一直在农村以种地为生。为了让父母安享晚年，李某准备将父母接到城里来共同居住。因此，李某又买了一套更大的房子，将原来的小房子出租给别人。后来，李某觉得房屋出租的租金非常高，便准备将原来房子中的地下储藏室进行改造，再出租给别人。

学法有疑

是否可以将改造之后的地下室出租给他人?

法律讲堂

将地下储藏室改造之后再出租的行为是违法的。在现实生活中，有些出租人为了获取利益，私自将存在住房危险的违法建筑或者不符合安全、防灾等工程建筑强制性标准的房屋，出租给别人。对此，我国《商品房屋租赁管理办法》第六条第三项明确规定，违反规定改变房屋使用性质的房屋不得出租。同时，该法第二十二条规定："违反本办法第八条规定的，由直辖市、市、县人民政府建设（房地产）主管部门责令限期改正，逾期不改正的，可处以五千元以上三万元以下罚款。"因此，在本案中，李某将自己的地下储藏室改造之后出租的行为是不合法的。如果其违反该规定，逾期不改正，将会受到相应的处分。

法律条文

《商品房屋租赁管理办法》

第六条 有下列情形之一的房屋不得出租：

……

（三）违反规定改变房屋使用性质的；

……

第二十二条 违反本办法第八条规定的，由直辖市、市、县人民政府建设（房地产）主管部门责令限期改正，逾期不改正的，可处以五千元以上三万元以下罚款。

房屋出租时，法律不但保护租赁双方的利益关系，也保障承租人的生命安全。作为出租人，在出租房屋时，要保障房屋的安全，不能为了利益而将地下储藏室、车库等人防工程改造出租给他人居住，这种行为是违法的。

49. 出租人可以将厨房出租给他人居住吗?

案例背景

小玲在大学毕业后，留在了当地工作。由于其家里条件非常好，工作稳定后，父母便在当地给她买了一套三居室。工作了两年之后，小玲准备结婚。婚后，小玲便搬到自己的新家。因此，原来的房子一直空着，小玲的丈夫就建议她把房子租出去。由于小玲的房子比较大，只能将每个房间出租给不同的人。为了充分利用房屋，在丈夫的建议下，小玲准备将厨房也出租给别人居住。

学法有疑

出租人是否可以将厨房出租给他人居住?

法律讲堂

厨房是不能出租给他人居住的。对此，我国《商品房屋租赁管理办法》第八条规定："出租住房的，应当以原设计的房间为最小出租单位，人均租住建筑面积不得低于当地人民政府规定的最低标准。厨房、卫生间、阳台和地下储藏室不得出租供人员居住。"据此可知，出租住房是有一定标准的，并不是所有的房屋空间都可以作为居住空间，对外进行出租。出租的房屋必须符合相关住房规定，以保障人最基本的生活需要。厨房、卫生间、阳台和地下储藏室作为特殊的住房空间，均存在一定的危险性，不符合人居住的标准。在本案中，小玲不能将自己房子中的厨房出租给别人。

法律条文

《商品房屋租赁管理办法》

第八条 出租住房的，应当以原设计的房间为最小出租单位，人均租住建筑面积不得低于当地人民政府规定的最低标准。

厨房、卫生间、阳台和地下储藏室不得出租供人员居住。

一句话说法

作为出租人，在出租房屋时，要注意出租房屋的标准，保障承租人的安全与居住条件，出租的房屋要适合居住，不能为了获利而将厨房出租给他人居住。作为承租人，也要注意保护自己的生命健康安全，避免为了减少支出而对自己的生命构成危险。否则，一旦发生安全问题，后悔莫及。

50. 出租人出卖房屋的，承租人是否享有优先购买权？

案例背景

孙某大学毕业之后便在某市的一个软件开发公司工作。由于刚步入社会，经济条件比较差，因此，孙某一直是自己租房子住。在工作的三年间，孙某一直承租着房东季某的房子。今年，由于季某一家准备到外地去生活，打算将自己家的房子卖了。孙某得知后，急忙联系季某，但季某称房屋已经售出，正在办理过户手续。孙某听后非常生气，认为自己作为承租人，享有房子的优先购买权。但是，季某认为，房子是自己的，自己有权选择卖给谁。

学法有疑

出租人出卖房屋的，承租人是否享有优先购买权？

法律讲堂

我国《民法典》第七百二十六条第一款规定："出租人出卖租赁房屋的，应当在出卖之前的合理期限内通知承租人，承租人享有以同等条件优先购买的权利；但是，房屋按份共有人行使优先购买权或者出租人将房屋出卖给近亲属的除外。"同时，《最高人民法院关于审理城镇房屋租赁合同纠纷案件具体应用法律若干问题的解释》第二十一条规定："出租人出卖租赁房屋未在合理期限内通知承租人或者存在其他侵害承租人优先购买权情形，承租人请求出租人承担赔偿责任的，人民法院应予支持。但请求确认出租人与第三人签订的房屋买卖合同无效的，人民法院不予支持。"据此可知，在房屋租赁中，出租人打算将出租房屋卖给除房屋按份共有人以及近亲属以外的人时，其有义务在出卖之前的合理期限内通知承租人，如果承租人与其他买受人的购买条件一样，则承租人有优先购买的权利。

在本案中，季某作为出租人，其在出售出租房屋前，并未在合理期限内通知孙某，这种做法是错误的。孙某作为承租人，在同等条件下，享有房屋的优先购买权。季某的做法侵害了孙某的优先购买权，孙某可以要求季某承担损害赔偿责任。

法律条文

《中华人民共和国民法典》

第七百二十六条 出租人出卖租赁房屋的，应当在出卖之前的合理期限内通知承租人，承租人享有以同等条件优先购买的权利；但是，房屋按份共有人行使优先购买权或者出租人将房屋出卖给近亲属的除外。

出租人履行通知义务后，承租人在十五日内未明确表示购买的，视为承租人放弃优先购买权。

《最高人民法院关于审理城镇房屋租赁合同纠纷案件具体应用法律若干问题的解释》

第二十一条 出租人出卖租赁房屋未在合理期限内通知承租人或者存在其他侵害承租人优先购买权情形，承租人请求出租人承担赔偿责任的，人民法院应予支持。但请求确认出租人与第三人签订的房屋买卖合同无效的，人民法院不予支持。

在房屋租赁合同中，作为出租人，在出售出租房屋前，要注意履行自己的通知义务，保护承租人的优先购买权。作为承租人，在自己的优先购买权受到侵害时，可以请求出租人承担损害赔偿责任。

51. 租户可以不经过房东的同意而装修房屋吗?

案例背景

唐某与李某大学毕业后便准备结婚，由于两个人没有积蓄，便在当地租了一套两居室。看到房子之后，唐某不是很喜欢房子的装修风格，而且觉得房子的很多地方都已经旧了。想到已经与房东签订了5年的租赁合同，为了给未婚妻一个温馨的家，李某准备将房屋重新装修。可是，由于房东到国外进行培训，暂时无法联系上。所以，唐某与李某打算先装修房子，等房东回来之后再告诉房东。

学法有疑

租户可以不经过房东的同意擅自装修房屋吗?

法律讲堂

我国《民法典》第七百一十五条规定："承租人经出租人同意，可以对租赁物进行改善或者增设他物。承租人未经出租人同意，对租赁物进行改善或者增设他物的，出租人可以请求承租人恢复原状或者赔偿损失。”《最高人民法院关于审理城镇房屋租赁合同纠纷案件具体应用法律若干问题的解释》第十三条规定：“承租人未经出租人同意装饰装修或者扩建发生的费用，由承租人负担。出租人请求承租人恢复原状或者赔偿损失的，人民法院应予支持。”此外，我国《商品房屋租赁管理办法》第十条规定：“承租人应当按照合同约定的租赁用途和使用要求合理使用房屋，不得擅自改动房屋承重结构和拆改室内设施，不得损害其他业主和使用人的合法权益。承租人因使用不当等原因造成承租房屋和设施损坏的，承租人应当负责修复或者承担赔偿责任。”据此可知，承租人装修房屋应该经过出租人的同意。在本案中，唐某与李某擅自装修了房屋之后，如果房东事后不同意，可以要求他们恢复原状或者赔偿损失。因此，租户擅自装修出租房屋是存在一定风险的。

法律条文

《商品房屋租赁管理办法》

第十条　承租人应当按照合同约定的租赁用途和使用要求合理使用房屋，不得擅自改动房屋承重结构和拆改室内设施，不得损害其他业主和使用人的合法权益。

承租人因使用不当等原因造成承租房屋和设施损坏的，承租人应当负责修复或者承担赔偿责任。

《中华人民共和国民法典》

第七百一十五条　承租人经出租人同意，可以对租赁物进行改善或者增设他物。

承租人未经出租人同意，对租赁物进行改善或者增设他物的，出租人可以请求承租人恢复原状或者赔偿损失。

《最高人民法院关于审理城镇房屋租赁合同纠纷案件具体应用法律若干问题的解释》

第十三条　承租人未经出租人同意装饰装修或者扩建发生的费用，由承租人负担。出租人请求承租人恢复原状或者赔偿损失的，人民法院应予支持。

作为承租人，在承租房屋之后，不要因一己喜好就擅自对房屋进行装修，无论是修缮房屋，还是对房屋进行装修，一定要与房东进行协商。否则，不但要自己承担装修费用，还要承担相应的赔偿责任。

52. 房东同意装修房屋，在租赁合同期满之后，装修物如何处理？

案例背景

2015 年 3 月，陈某在某市租了一间店面，开了一家理发店。当时，陈某与房东签订了为期 5 年的合同。签订合同之后，陈某经过房东吴某的同意，按照自己的需要对房子进行了装修。2020 年 3 月，合同到期，陈某准备到其他地方开店，因此，不再打算与房东吴某续订合同。但是，陈某想到房子当时是自己出钱装修的，不知道上面的装饰物自己是否可以拆除带走。

学法有疑

房东同意装修房屋，在租赁合同期满之后，装修物如何处理？

法律讲堂

对于承租人装修的房屋，在租赁合同解除后，装修物的处置问题还要具体情况具体分析。对此，《最高人民法院关于审理城镇房屋租赁合同纠纷案件具体应用法律若干问题的解释》第十条规定："承租人经出租人同意装饰装修，租赁期间届满或者合同解除时，除当事人另有约定外，未形成附合的装饰装修物，可由承租人拆除。因拆除造成房屋毁损的，承租人应当恢复原状。"由此可知，如果承租人经过出租人同意装修房屋的，租赁期届满后，如果合同中没有约定装修物归谁所有，装饰装修物也未形成附合室内的物品，则承租人可以拆除。在本案中，只要陈某当时装修的装饰物未形成附合，其是可以拆除带走的。但是，如果因拆除这些装饰物而导致房屋毁损的，陈某还需要恢复原状。

法律条文

《最高人民法院关于审理城镇房屋租赁合同纠纷案件具体应用法律若干问题的解释》

第十条 承租人经出租人同意装饰装修，租赁期间届满或者合同解除时，除当事人另有约定外，未形成附合的装饰装修物，可由承租人拆除。因拆除造成房屋毁损的，承租人应当恢复原状。

一句话说法

作为租户，在租赁房屋时，如果需要装修房屋，不但要经过房主的同意，还要在装修时注意保护房屋。双方解除租赁合同后，租户对于自己出资添置的装饰物品，当然有权拆除，但如果给房屋造成毁损的，自己还应承担赔偿责任。

53. 房屋租赁合同期限届满，租户继续使用房屋，房东未提出异议，原租赁合同还有效吗？

案例背景

小李是某学校的学生。大四时，小李考研，但是并未如愿考入理想的院校。于是，小李就自己在学校附近租了一间房子，继续准备考试。然而，在第二次考试中，小李又非常遗憾地与心仪的学校擦肩而过。当时，小李只与房东签订了一年的房屋租赁合同。合同期限届满之后，小李准备在当地继续找工作，因此，继续在该房屋中居住，房东也没有提出任何异议。然而，在小李继续租住了两个月之后，房东突然要求小李搬走，称自己把房子出租给了别人。小李认为，他们之间的租赁合同应该是继续有效的，房东不能要求他搬走。

学法有疑

房屋租赁合同期限届满，租户继续使用房屋，房东未提出异议，原租赁合同还有效吗？

法律讲堂

我国《民法典》第七百三十四条第一款规定："租赁期限届满，承租人继续使用租赁物，出租人没有提出异议的，原租赁合同继续有效，但是租赁期限为不定期。"第七百三十条规定："当事人对租赁期限没有约定或者约定不明确，依据本法第五百一十条的规定仍不能确定的，视为不定期租赁；当事人可以随时解除合同，但是应当在合理期限之前通知对方。"由此可知，如果房屋租赁合同期限届满，租户继续使用房屋，房东也没有提出异议的，那么租赁合同继续有效。但是，在这种情况下，租赁期限不确定，出租人、承租人任何一方都可以随时解除租赁合同。出租人解除合同时，只需要在事前通知承租人，给其一定的准备时间即可。因此，在上述案例中，房东可以解除合同，要求小李从房子中搬走，但是，其应该在合理期限之前通知小李，以便小李做好准备。

法律条文

《中华人民共和国民法典》

第七百三十条 当事人对租赁期限没有约定或者约定不明确，依据本法第五百一十条的规定仍不能确定的，视为不定期租赁；当事人可以随时解除合同，但是应当在合理期限之前通知对方。

第七百三十四条 租赁期限届满，承租人继续使用租赁物，出租人没有提出异议的，原租赁合同继续有效，但是租赁期限为不定期。

租赁期限届满，房屋承租人享有以同等条件优先承租的权利。

一句话说法

在房屋租赁合同中，一旦合同期限届满，不管是承租人还是出租人，都应及时与对方续订租赁合同。否则，即使合同继续有效，此时的租赁合同期限也是不确定的，任何一方都享有随时解除合同的权利，继而造成另一方的利益受损。

54. 房屋租赁期间，承租人死亡的，与其生前共同居住的人可以继续租赁原房屋吗？

案例背景

唐某是某村村民，与弟弟都在外地打工，两人一直在某市租了一套两居室居住。一天，唐某在下班时发生车祸，经抢救无效而死亡。唐某去世后，弟弟在老家办完唐某的丧事之后，继续回到原来的房屋居住。但是，房东谢某说，与他签订房屋租赁合同的是唐某，现在唐某已经去世，因此，合同就终止了，要求唐某的弟弟从该房屋中立刻搬出去。而唐某的弟弟认为，虽然是哥哥与房东签订的合同，但一直是两人一起居住，现在租期还没有到，房东不能要求他搬离房屋。

学法有疑

房屋租赁期间，承租人死亡的，与其生前共同居住的人可以继续租赁原房屋吗？

法律讲堂

我国《民法典》第七百三十二条明确规定："承租人在房屋租赁期限内死亡的，与其生前共同居住的人或者共同经营人可以按照原租赁合同租赁该房屋。"据此可知，在房屋租赁期间，承租人死亡的，与其生前共同居住的人可以继续按照原来的租赁合同租赁房屋。我国《商品房屋租赁管理办法》对此也做出了相同规定。在上述案例中，房东谢某的说法是错误的，房屋租赁合同并没有因唐某的死亡而终止。虽然唐某去世了，但是，唐某的弟弟在其生前一直与他一起居住在谢某的房屋中，因此，房屋租赁合同还是有效的，只要房屋租赁合同期限没有届满，唐某的弟弟就可以继续在该房屋中居住。

法律条文

《中华人民共和国民法典》

第七百三十二条 承租人在房屋租赁期限内死亡的，与其生前共同居住的人或者共同经营人可以按照原租赁合同租赁该房屋。

《商品房屋租赁管理办法》

第十二条第二款 承租人在房屋租赁期间死亡的，与其生前共同居住的人可以按照原租赁合同租赁该房屋。

一句话说法

在房屋租赁期间，即使承租人去世，只要合同期限没有届满，与承租人生前共同居住的人就可以继续租赁该房屋，租赁合同不会因承租人的死亡而终止。

第6章 看病就医

55. 没有医生的处方可以在药店购买处方药吗?

案例背景

最近在药店买药时，张老汉遇到了自己难以理解的情况。事情是这样的：在进店买药的前几天，街道办联系医院为附近小区的居民组织了义诊，刘老汉被诊断为患有高血压，另外可能还有其他病的症状，义诊医生建议张老汉空闲时到医院就诊。张老汉听说隔壁的刘老太太也是高血压，并坚持服用卡托普利片。于是，张老汉直接到附近的药店购买，但是售货员告诉他卡托普利片是处方药，没有医生的处方不能购买。但张老汉不愿意再跑一趟医院，觉得自己和刘老太太的症状一样，为什么不能吃一样的药?

学法有疑

没有医生的处方可以在药店购买处方药吗?法律对此有何规定?

法律讲堂

根据我国《药品管理法实施条例》第十五条、第七十七条的规定，我国药品包括处方药和非处方药，实施药品分类管理制度。其中，处方药是指凭执业医师和执业助理医师处方才可购买、调配和使用的药品，通常是一些刚上市的新药或者可产生依赖的药物，或者是药物本身毒性较大等情况。该类药物存在不确定性，没有专业医师指导服用后可能导致严重危害，例如某些催眠安定药物、吗啡类止痛药物。非处方药是指无需上述医师或者助理医师的处方，大众可以自主选购的药物。非处方药即日常生活中的OTC药物，常见的主要是治疗感冒、咳嗽等普通病症的药物。

本案中，张老汉患有高血压，需要服用相关药物，但是治疗高血压的药物——卡托普利片，根据我国药品管理规定属于处方药，因此只能凭借执业医师或者执业医师助理的处方购买，售货员拒绝售药的行为是正确的。

法律条文

《中华人民共和国药品管理法实施条例》

第十五条 国家实行处方药和非处方药分类管理制度。国家根据非处方药品的安全性，将非处方药分为甲类非处方药和乙类非处方药。

经营处方药、甲类非处方药的药品零售企业，应当配备执业药师或者其他依法经资格认定的药学技术人员。经营乙类非处方药的药品零售企业，应当配备经设区的市级药品监督管理机构或者省、自治区、直辖市人民政府药品监督管理部门直接设置的县级药品监督管理机构组织考核合格的业务人员。

第七十七条 本条例下列用语的含义：

……

处方药，是指凭执业医师和执业助理医师处方方可购买、调配和使用的药品。

非处方药，是指由国务院药品监督管理部门公布的，不需要凭执业医师和执业助理医师处方，消费者可以自行判断、购买和使用的药品。

……

在生活中，无法区分药物种类时，可以观察药盒本身，其中带有“OTC”标志的是非处方药，未带有该标志的是处方药。在选购处方药时，作为普通大众一定要携带执业医师或执业医师助理的处方购药。

56. 找“神医”治病，发生事故的，能否以医疗事故处理？

案例背景

王某有腰伤，发作时经常疼痛难忍、无法入眠，到医院检查后发现是因为腰间有骨刺，属于重度的腰椎间盘突出症，医生建议及时进行针刀切除。子女们劝说王某听从医生的建议，住院治疗，但是王某考虑到治疗的医药费用过高，没有住院。后来，王某从好友处听闻县城的张神医不用手术就可以治疗百病，而且费用很低。于是王某经人介绍找到张神医，了解病情后，张神医提出了按摩治疗法，但是，在某次按摩过程中，张神医出现失误导致王某突然死亡。

学法有疑

没有相关医疗资格的人员诊疗出现事故时，能否以医疗事故处理？

法律讲堂

根据我国《医疗事故处理条例》第二条、第六十条的规定，医疗事故是指医疗机构及其医务人员在医疗活动中，违反相关规定，过失造成患者人身损害的后果。其中，医疗机构是指取得《医疗机构执业许可证》的机构，这是医疗事故的主体条件。如果是其他无证机构及其人员进行相关诊疗活动，造成损害的，则不属于医疗事故。根据本法第六十一条的规定，该类情况属于非法行医，造成损害的不能按照医疗事故处理，直接按照民事侵权、刑事犯罪等相关法律解决即可。

本案中，张神医在没有相关医师执业资格且未办理医疗机构执业许可的情况下，擅自进行诊疗活动，造成王某死亡的结果，该情况不属于医疗事故。但是，张某的行为确实造成了王某死亡的结果，根据案件的具体情节，王某的家属可以向法院提起赔偿诉讼，向公安机关举报其刑事犯罪。

法律条文

《医疗事故处理条例》

第二条 本条例所称医疗事故，是指医疗机构及其医务人员在医疗活动中，违反医疗卫生管理法律、行政法规、部门规章和诊疗护理规范、常规，过失造成患者人身损害的事故。

第六十条第一款 本条例所称医疗机构，是指依照《医疗机构管理条例》的规定取得《医疗机构执业许可证》的机构。

第六十一条 非法行医，造成患者人身损害，不属于医疗事故，触犯刑律的，依法追究刑事责任；有关赔偿，由受害人直接向人民法院提起诉讼。

一句话说法

患病就医时，一定要选择正规的医疗机构，听从执业医师的建议，采取适当的诊疗方案。切不可为了贪图便宜，寻求没有执业资格的大神、蛊婆的“包治百病”，一旦发生损害后果，陷入纠纷后耗时耗力，得不偿失。

57. 医生故意夸大病情，造成患者情绪波动，产生不良后果的，是否需要承担责任？

案例背景

杜某在一次车祸中被撞伤，伤势严重，全身有多处撕裂伤。由于送医及时，杜某侥幸存活下来。主治医生建议杜某住到单间，保持良好、乐观的心态，避免情绪波动造成伤口复发，积极配合院方。负责后期恢复工作的医生张某想提高自己的业绩，打算让杜某转移到特殊病房，但杜某表示要遵从主治医师的建议。于是，张某刻意夸大先前的检查结果，告诉杜某身体恶化，需要转移至特殊病房等待检查，然后准备手术才能处理。得知消息后，本就重病在身的杜某认为医院在戏弄自己，突然大发雷霆，结果造成伤口崩裂，最后不治身亡。

学法有疑

医生故意夸大病情，造成患者情绪波动，产生不良后果的，是否需要承担责任？

法律讲堂

根据我国《医疗事故处理条例》第十一条、《执业医师法》第二十六条的规定，在医疗活动中，医疗机构及其医务人员应当将患者的病情、医疗措施、医疗风险等如实告知患者，及时解答其咨询；但是，应当避免对患者产生不利后果。可见，告知患者病情是医疗机构及其人员的义务，但是，医务人员应当衡量病情对患者可能产生的不利影响，不得恶意夸大或者虚构其他病状，造成严重后果的，应当根据过错承担相应的赔偿责任。

本案中，医生张某为了一己私利，恶意夸大重伤在身的杜某的病情，影响到杜某正常的疗养和休息，造成杜某情绪激动、伤口复发而亡的结果，医院存在过错，应当承担相应的赔偿责任。

法律条文

《医疗事故处理条例》

第十一条 在医疗活动中，医疗机构及其医务人员应当将患者的病情、医疗措施、医疗风险等如实告知患者，及时解答其咨询；但是，应当避免对患者产生不利后果。

《中华人民共和国执业医师法》

第二十六条 医师应当如实向患者或者其家属介绍病情，但应注意避免对患者产生不利后果。

医师进行实验性临床医疗，应当经医院批准并征得患者本人或者其家属同意。

第三十八条 医师在医疗、预防、保健工作中造成事故的，依照法律或者国家有关规定处理。

在日常就医时，要遵从主治医师的建议，遇到其他医务人员妨碍患者正常休养、劝说患者进行其他治疗等情况后，患者及其家属应当及时告知主治医师或者向院方举报。

58. 限于医疗水平遇到难以克服的病症，造成患者死亡的，医院是否承担责任？

案例背景

白某是一家塑胶手套装配厂的工人，从事手套加工工作10多年。在一次工作期间，白某突然倒地不起，身边的工人及时将他送往最近的医院救治，并联系了白某的家人。医生诊疗后发现，白某属于突发性疾病，但是病因尚未找到，而且该病症在国内属于首例。主治医生向院方申请组织了专家会诊，确定白某病症属于新型疾病，同时初步认定该病是吸入有害气体，在体内堆积导致。主治医生向患者家属说明了会诊情况，建议白某做全面检查，并进行了初步的治疗工作。不幸的是，限于当时的医疗水平，该院未能完成治疗工作，住院治疗一个月后，白某死亡。

学法有疑

限于医疗水平遇到难以克服的病症，造成患者死亡的，医院是否承担责任？

法律讲堂

根据我国《医疗事故处理条例》第三十三条规定："有下列情形之一的，不属于医疗事故：……（三）在现有医学科学技术条件下，发生无法预料或者不能防范的不良后果的；……"按照法律规定，医疗事故是指医疗机构及其医务人员在医疗活动中，违反医疗卫生管理法律、行政法规、部门规章和诊疗护理规范、常规，过失造成患者人身损害的事故。而受限于现有的医学科学技术条件，医疗机构及其医务人员都无法完成诊治工作，并非其存在诊疗失职，因此，对于这一情况，不能按照医疗事故处理。

本案中，白某突发疾病，在专家会诊的情况下仍未明确病因，在现有的医疗水平下，不可能完成治疗工作，才最终导致白某死亡的结果，不属于医疗事故。此外，主治医生在应对疾病时，进行了必备的检查工作和治疗工作，尽到了合理的义务，只是限于当时的医疗水平无法做到更为深入的治疗工作，尽管患者死亡，但是医院不需要承担责任。

法律条文

《医疗事故处理条例》

第三十三条 有下列情形之一的，不属于医疗事故：

（一）在紧急情况下为抢救垂危患者生命而采取紧急医学措施造成不良后果的；

（二）在医疗活动中由于患者病情异常或者患者体质特殊而发生医疗意外的；

（三）在现有医学科学技术条件下，发生无法预料或者不能防范的不良后果的；

（四）无过错输血感染造成不良后果的；

（五）因患方原因延误诊疗导致不良后果的；

（六）因不可抗力造成不良后果的。

医院需要承担医疗事故赔偿责任的前提是存在过错，即由于医院的失误或者故意为之导致损害结果的发生，否则，医院在尽到合理的诊疗义务时，不需要承担责任。

59. 为抢救生命进行截肢手术后，患者能否以残疾要求赔偿？

案例背景

张某没有亲属，独自居住在出租房内。某次同学聚会上张某喝醉，被同学送到出租房中。之后，同学离开。张某因醉酒呕吐不止，便试图通过吸烟缓解一下，但是不小心将未熄灭的烟头扔到床上，导致家中起火。邻居发现后，及时报警，消防员将张某救出送医。由于火势较大，张某烧伤面积较大，特别是胳膊重度烧伤，必须截肢。在没有家属签字的情况下，出于张某生命安全的考虑，医院进行了截肢手术。术后，张某恢复良好，但是，张某认为医院未经自己同意擅自决定截肢，侵犯了自己的权益，应当赔偿自己。

学法有疑

为抢救生命实施截肢手术的，医院是否需要承担责任？

法律讲堂

我国《医疗事故处理条例》第三十三条规定，在紧急情况下为抢救垂危患者生命而采取紧急医学措施造成不良后果的，不属于医疗事故。可见，在该问题上，医疗机构承担责任的前提是有过错，无过错则无责任。医疗人员在尽到自身职业的合理注意义务时，无需承担责任。更何况在紧急情况下，医院是坚持“两害相权取其轻”的原则，以生命至上对患者进行救治，如果仍让医院及其工作人员承担赔偿责任，显然有失公平、公正。

本案中，医院为了挽救张某的生命，在十分急迫的情况下，选择了最佳的处理方式，维护了张某的最大权益，尽管截肢手术确实对张某的身体造成了损害，但是，这属于情况危急下的合理措施，医院没有过错，不需要承担责任。

法律条文

《医疗事故处理条例》

第三十三条 有下列情形之一的，不属于医疗事故：

（一）在紧急情况下为抢救垂危患者生命而采取紧急医学措施造成不良后果的；

……

医院的职责是救死扶伤，主张医院一方承担责任的前提是，医疗机构及其医疗人员在诊疗中确实存在过错，否则不能请求赔偿。

60. 使用尚处于临床试验阶段的新药出现事故的，责任由谁承担？

案例背景

张某在半年前的一次体检中被查出肺癌，属于早期，但是，由于先前在县城接受治疗，医疗条件较差，加上张某自身对早期肺癌认识不到位，导致病情恶化，不得不转院到市医院。主治医生在商议后决定采用手术切除患病部分，术后进行药物治疗的方案。术后一切良好，医院按照计划采用药物治疗。一个疗程后，医院负责研究新药的王医生主动请缨，又经过与主治医生和家属的讨论后，采用了新药。在之后的治疗中，由于张某特殊体质排斥该药物，造成癌细胞扩散，张某的病情加重。事后查明，该药物系刚刚研究出来，尚处于临床试验阶段。

学法有疑

新药正处于临床试验阶段就被患者使用，出现事故的，责任由谁承担？

法律讲堂

根据我国《药品管理法实施条例》的规定，新药进行临床试验或者临床验证，应当按照新药审批办法的规定报送审批，然后在有相应资格的医疗单位进行。此外，医生进行实验性临床医疗，应当事先告知受试者或者其监护人真实情况，并征得其书面同意。

本案中，王医生研究的新药进行临床试验前，应当依法履行相关手续，不得私自进行临床验证。并且，王医生忽视了新药与患者体质之间可能存在排斥的情况，导致患者的病情加重。院方对于王医生的行为，没有制止，医生的行为即视为医院的行为。医院存在过错，对于造成的损害结果，应当承担责任。

法律条文

《中华人民共和国药品管理法实施条例》

第三十条 研制新药，需要进行临床试验的，应当依照《药品管理法》第二十九条的规定，经国务院药品监督管理部门批准。

药物临床试验申请经国务院药品监督管理部门批准后，申报人应当在经依法认定的具有药物临床试验资格的机构中选择承担药物临床试验的机构，并将该临床试验机构报国务院药品监督管理部门和国务院卫生行政部门备案。

药物临床试验机构进行药物临床试验，应当事先告知受试者或者其监护人真实情况，并取得其书面同意。

《中华人民共和国执业医师法》

第二十六条 医师应当如实向患者或者其家属介绍病情，但应注意避免对患者产生不利后果。

医师进行实验性临床医疗，应当经医院批准并征得患者本人或者其家属同意。

《中华人民共和国民法典》

第一千二百一十八条 患者在诊疗活动中受到损害，医疗机构或者其医务人员有过错的，由医疗机构承担赔偿责任。

患者在接受诊疗的过程中，一定要考虑到自身病情的现实状况，向主治医生咨询是否有不良反应等情况，尽量选择常规的、经过临床试验的药物。如果患者决定配合医院进行临床医疗试验，一定要慎重考虑，并明确相关的损失赔偿等事项。

61. 发生医疗事故后，能否协商处理？

案例背景

赵某是某瓷砖厂的工人，在一次搬运货物的过程中，由于自己手打滑未能将瓷砖抱住，砸到了自己的双脚。送医后，医生进行了全面的检查，其中赵某右脚大拇指伤势最为严重，但由于医生的失误，造成赵某伤口感染，最后导致赵某右脚大拇指不得已要进行切除。术后，赵某的妻子认为医生的失误给自己的丈夫造成了损害，应当承担损害赔偿，并且院方应当承担丈夫的一切医疗费用。经过医院领导的讨论，医院和赵某商议，决定由医院承担所有医药费，并一次性赔偿赵某30万元。

学法有疑

发生医疗事故后，医院能否和患者协商处理？

法律讲堂

根据我国《医疗事故处理条例》第四十六条的规定：“发生医疗事故的赔偿等民事责任争议，医患双方可以协商解决；不愿意协商或者协商不成的，当事人可以向卫生行政部门提出调解申请，也可以直接向人民法院提起民事诉讼。”该法第四十七条规定：“双方当事人协商解决医疗事故的赔偿等民事责任争议的，应当制作协议书。协议书应当载明双方当事人的基本情况和医疗事故的原因、双方当事人共同认定的医疗事故等级以及协商确定的赔偿数额等，并由双方当事人在协议书上签名。”由此可见，医院和患者协商解决医疗纠纷的前提是，医疗事故中的民事赔偿部分争议，如果涉及刑事责任，则双方无权协商处理。同时，需要注意的是，医患双方协商一致后，应当签订书面的协议书，注明相关赔偿事宜，并且由双方签字。

本案中，由于医生的诊疗失误，造成赵某伤口感染，最终发生不得已截肢的严重后果，属于医疗事故，医院应当承担赔偿责任。对于具体赔偿事宜，双方可以协商确定，但是应当签订协议书，载明双方当事人的基本情况和医疗事故的原因、双方当事人共同认定的医疗事故等级以及协商确定的赔偿数额等，并由双方当事人在协议书上签名。

法律条文

《医疗事故处理条例》

第四十六条 发生医疗事故的赔偿等民事责任争议，医患双方可以协商解决；不愿意协商或者协商不成的，当事人可以向卫生行政部门提出调解申请，也可以直接向人民法院提起民事诉讼。

第四十七条 双方当事人协商解决医疗事故的赔偿等民事责任争议的，应当制作协议书。协议书应当载明双方当事人的基本情况和医疗事故的原因、双方当事人共同认定的医疗事故等级以及协商确定的赔偿数额等，并由双方当事人在协议书上签名。

发生医疗事故后，患者一方可以和医院协商民事赔偿事项。协商不成或者不愿意协商的，可以由卫生行政部门或者法院介入处理。如果达成协商意见后，一定要签订书面的协议书，单纯的口头协议无法保护自己的权益。

62. 医疗事故损害赔偿中，能否请求精神损害赔偿？

案例背景

白某在一家化工厂当搬运工。某天，正常工作的时候，该化工厂突发爆炸，导致厂区大面积被毁，死伤数十人。白某是当时事故的受害者之一，由于靠近爆炸点，白某伤势较重，脸部三分之一皮肤被灼烧。医生建议白某做脸部恢复手术，但是，在之后的脸部治疗中，由于医生的失误，药物用量超过标准，导致白某的伤口处创伤恶化，无法恢复。白某出院后，认为医院的过错导致自己毁容，给自己造成了极大的心理压力，请求医院在赔偿项目中加入精神损害赔偿金。

学法有疑

医疗事故损害赔偿中，能否请求精神损害赔偿？

法律讲堂

根据我国《医疗事故处理条例》第五十条的规定，医疗事故赔偿的项目包括医疗费、误工费、住院伙食补助费、陪护费、残疾生活补助费、残疾用具费、丧葬费、被扶养人生活费、交通费、住宿费、精神损害抚慰金。其中，精神损害赔偿即精神损害抚慰金，是指因医疗事故使得受害人遭受肉体和精神上的痛苦、折磨或生理、心理上的损害而要求侵害人赔偿的费用。该项费用的计算应当按照医疗事故发生地居民年平均生活费计算。造成患者死亡的，赔偿年限最长不超过 6 年；造成患者残疾的，赔偿年限最长不超过 3 年。

本案中，白某接受医生的建议进行面部修复手术，但是，由于手术中医生的过失行为导致白某伤情更加严重，烧伤无法恢复，造成白某心理上的极大痛苦，白某可以向医院索要精神损害抚慰金。

法律条文

《医疗事故处理条例》

第五十条 医疗事故赔偿，按照下列项目和标准计算：

……

（十一）精神损害抚慰金：按照医疗事故发生地居民年平均生活费计算。造成患者死亡的，赔偿年限最长不超过6年；造成患者残疾的，赔偿年限最长不超过3年。

一句话说法

患者因医疗事故请求赔偿时，不仅可以按照法律规定主张医疗费、误工费等基本费用，造成精神损害的还可以请求精神损害抚慰金，以最大限度地保护自己的合法权益。

63. 未及时抢救病人，病人死亡的，能否要求医院承担责任？

案例背景

杜某在一次车祸中被撞伤，伤势十分严重，被路人送到医院后，医院以抢救室正在使用，无法安排治疗为由让杜某等待。杜某的家属请求护士先进行止血，但是由于出血量较大、创口很深，止血未见效果。大约20分钟后，抢救室腾出，医生才安排杜某进行抢救，此时，由于失血量过大，杜某经抢救无效死亡。之后，杜某的家属要求医院赔偿，医院却以正在抢救其他患者，无法对杜某进行医治，且自身设施条件不足，没有抢救室可用，并且在抢救中已尽到合理的义务为由拒绝赔偿。无奈之下，杜某的家属决定将医院告上法庭。

学法有疑

未及时抢救病人，病人死亡的，能否要求医院承担责任？

法律讲堂

根据我国《医疗机构管理条例》第三十一条的规定："医疗机构对危重病人应当立即抢救。对限于设备或者技术条件不能诊治的病人，应当及时转诊。"可见，病人的生命安全是第一位的，抢救危重病人是医院的职责所在，如果存在技术条件、设备条件障碍，导致无法进行正常的诊疗活动的，应当及时安排患者及其家属进行转诊。未能及时转诊，给患者带来损害的，属于不作为的加害行为，也应认定为存在过错，应当承担医疗事故赔偿的民事责任。

本案中，杜某伤势严重，送到医院后，医院应当及时抢救，由于医院自身条件的限制，导致抢救室不够使用，延误治疗时，应当及时安排转院治疗。但是，该医院未及时转诊，对于杜某的死亡结果存在过错，应当承担责任。

法律条文

《医疗机构管理条例》

第三十一条 医疗机构对危重病人应当立即抢救。对限于设备或者技术条件不能诊治的病人，应当及时转诊。

治病救人是医院及其医护人员的职责，拒绝治疗或者变相不治疗、延误治疗等，都是侵害患者权益的行为，造成损害的，患者有权向医院申请损害赔偿。

64. 患者怀疑医生存在过度诊疗时，可以怎么办？

案例背景

张三是一名卡车司机，因为经常跑长途运输，身体一直处于亚健康状态。在一次常规体检时，张三被告知可能患有腰椎间盘突出症，医生建议张三进一步检查。之后，张三听从医生的建议，进行了 CT 检测，发现确实是腰椎间盘突出，而且是重度症状。张三平时久坐无法站直身体、腰部经常性酸痛就是该病症引起的。但是，张三认为自己一个月前在其他医院检查时并未查出该症状，而且本次检查之后，主治医生提供的针刀手术等方案价格昂贵，超出了张三的预期。此外，张三还认为，自己这是长期开车落下的老毛病，几副膏药即可治疗，该医生让自己拍 CT、做针刀手术，都是想多挣自己的钱，是在过度诊疗。

学法有疑

患者在就医时怀疑医生过度诊疗的，可以怎么办？

法律讲堂

过度诊疗，是指医疗机构及其医护人员给予患者的诊疗活动超过本身疾病的诊断和治疗的需要，给患者造成额外痛苦与经济上浪费的医疗行为。根据我国《医疗事故处理条例》第五条、《执业医师法》第二十一条、第二十三条的规定，在医疗活动中，医生应当恪守职业道德，遵守医疗规范，根据患者的病情，结合医学诊查等，选择合理的医疗、预防和保健方案，并按照规定及时填写医学文书，不得隐匿、伪造或者销毁医学文书及有关资料。因过度诊疗与医院发生争议时，要判断该诊疗措施是否确实利于患者，在实施该措施前医生有无提供其他措施可供选择，有没有超过同行业同类治疗措施的标准，是否考虑过患者的经济承受能力，另外，医生是不是出于正常医疗的需要，相关措施能否真正产生预防或者治疗作用，是否有益于缓解患者的症状等。患者认为确实存在过度诊疗的，可以申请向医院行政主管部门举报，申请核查医师是否存在过度医疗行为，或者直接向法院起诉。

本案中，张三接受检查时被告知患有腰椎间盘突出症，并且医生建议采用针刀手术的方案进行诊疗。张三认为医院收费较高，且收费项目较多，因此存在过度诊疗的情况，但是要注意，是否属于过度诊疗不能单纯依据费用的高低判断。张三可以携带病历和诊疗方案向医院部门举报，申请院方协调和处理，确实存在过度诊疗带来损害的，还可以向法院起诉，维护自己的合法权益。

法律条文

《医疗事故处理条例》

第五条 医疗机构及其医务人员在医疗活动中，必须严格遵守医疗卫生管理法律、行政法规、部门规章和诊疗护理规范、常规，恪守医疗服务职业道德。

《中华人民共和国执业医师法》

第二十一条 医师在执业活动中享有下列权利：

（一）在注册的执业范围内，进行医学诊查、疾病调查、医学处置、出具相应的医学证明文件，选择合理的医疗、预防、保健方案；

……

第二十三条第一款 医师实施医疗、预防、保健措施，签署有关医学证明文件，必须亲自诊查、调查，并按照规定及时填写医学文书，不得隐匿、伪造或者销毁医学文书及有关资料。

患者发现医院的过度诊疗行为可能会损害自己的合法权益的，在留存证据的基础上，可以直接向卫生行政部门举报或者向法院起诉，绝不能姑息医院的不良行为。

65. 患者家属对医生心存不满、殴打医生的，要承担怎样的法律后果？

案例背景

刘某曾经在甲医院做过剖腹产手术，术后刘某经常感觉肚子疼。于是，在丈夫王某的陪伴下，刘某再次来到甲医院做检查，结果发现刘某的肚子内有一块纱布，应该是之前剖腹产时不小心落下的。王某气上心头，拿着检查结果找医生索要说法，但是，医生称如果是自己过错导致的，医院和自己会给予相应的补偿，请王某等待医院的处理结果。王某见医生态度不瘟不火，遂怒上心头，认为医生是在推脱责任，于是对医生大打出手，造成医生轻伤的结果。

学法有疑

患者家属对医生心存不满、殴打医生的，要承担何种责任？

法律讲堂

发生医患纠纷后，患者一方作为受损害一方，难免会气愤、抱怨，尤其是当医院的处理态度和结果不明朗时，双方之间的冲突更是一触即发。但是，无论发生怎样的纠纷，作为患者一方，都应该用法律手段去维权，切不可殴打医生、围堵医院等，不但不利于维权，而且可能要因此承担不利后果。根据我国《民法典》第一千一百七十九条、《治安管理处罚法》第四十三条、《刑法》第二百三十四条的相关规定，殴打他人可能会承担如下责任：一是民事责任，侵害他人造成损害的，应当赔偿医疗费、误工费等合理费用，造成残疾的要赔偿生活辅助具费和残疾赔偿金，造成死亡的承担丧葬费和死亡赔偿金。二是行政责任，侵害他人但是属于轻伤以下的，可处拘留并处罚款。三是刑事责任，侵害他人造成轻伤以上结果的，构成故意伤害罪，应当承担刑事责任。

本案中，因为剖腹产手术中医生的过失，将纱布留在刘某的腹内，导致刘某经常腹痛。刘某的丈夫王某得知消息后十分气愤，向医生索要说法未果，便大打出手，造成医生轻伤的后果。其本意虽是为了维权，但其行为已构成故意伤害罪，应当承担刑事责任，同时，该侵害行为给医生造成了损害，王某还应当承担民事责任，赔偿包括医疗费、误工费等合理费用。

法律条文

《中华人民共和国治安管理处罚法》

第四十三条第一款 殴打他人的，或者故意伤害他人身体的，处五日以上十日以下拘留，并处二百元以上五百元以下罚款；情节较轻的，处五日以下拘留或者五百元以下罚款。

《中华人民共和国刑法》

第二百三十四条 故意伤害他人身体的，处三年以下有期徒刑、拘役或者管制。

犯前款罪，致人重伤的，处三年以上十年以下有期徒刑；致人死亡或者以特别残忍手段致人重伤造成严重残疾的，处十年以上有期徒刑、无期徒刑或者死刑。本法另有规定的，依照规定。

《中华人民共和国民法典》

第一千一百七十九条 侵害他人造成人身损害的，应当赔偿医疗费、护理费、交通费、营养费、住院伙食补助费等为治疗和康复支出的合理费用，以及因误工减少的收入。造成残疾的，还应当赔偿辅助器具费和残疾赔偿金；造成死亡的，还应当赔偿丧葬费和死亡赔偿金。

第一千二百二十八条 医疗机构及其医务人员的合法权益受法律保护。

干扰医疗秩序，妨碍医务人员工作、生活，侵害医务人员合法权益的，应当依法承担法律责任。

一句话说法

患者及其家属与医院或者医生产生矛盾时，要注意解决问题的方式方法，可以向当地卫生行政部门申请解决或者向医院行政部门举报。如果任意殴打医务人员的，不仅要承担民事赔偿责任，还可能会承担行政责任甚至刑事责任。

第7章 卫生防疫

66. 境外旅游归来时，可以将珊瑚制品带回吗?

案例背景

许多人出国旅游都喜欢带一点小玩意儿回国，贝类和珊瑚制品尤其受到很多人的青睐。小王和妻子出国旅行归来也带回来一些红珊瑚制品留做纪念和观赏。不巧的是，小王夫妻二人刚于扬州泰州国际机场入境，就因携带珊瑚制品被海关截获。原本只是为留念，入境时却被截获不能带回家，小王很是费解。

学法有疑

境外旅游归来时，可以带珊瑚制品入境吗?

法律讲堂

红珊瑚属于《濒危野生动植物种国际贸易公约》（CITES）附录Ⅱ物种。携带红珊瑚制品入境须办理检疫审批手续，而小王夫妻二人在入境时并未进行入关申报，属于非法携带入境。根据我国《海关法》《禁止进出境物品表》《限制进出境物品表》《濒危野生动植物进出口管理条例》等法律法规的规定，邮寄、携带、托运濒危野生动植物及其制品进出境，必须持有国家濒管部门出具的证明并主动向海关申报。此外，买卖红珊瑚不仅会给海洋生态系统带来破坏，而且属于违法行为。在我国，红珊瑚被列为一级重点保护野生动物，禁止非法收购、运输、出售，否则将承担刑事责任。

法律条文

《中华人民共和国海关法》

第四十七条 进出境物品的所有人应当向海关如实申报，并接受海关查验。

海关加施的封志，任何人不得擅自开启或者损毁。

第八十二条 违反本法及有关法律、行政法规，逃避海关监管，偷逃应纳税款、逃避国家有关进出境的禁止性或者限制性管理，有下列情形之一的，是走私行为：

（一）运输、携带、邮寄国家禁止或者限制进出境货物、物品或者依法应当缴纳税款的货物、物品进出境的；

……

《中华人民共和国限制进出境物品表》

一、限制进境物品

……

3. 濒危的和珍贵的动物、植物（均含标本）及其种子和繁殖材料；

……

《中华人民共和国刑法》

第三百四十一条第一款 非法猎捕、杀害国家重点保护的珍贵、濒危野生动物的，或者非法收购、运输、出售国家重点保护的珍贵、濒危野生动物及其制品的，处五年以下有期徒刑或者拘役，并处罚金；情节严重的，处五年以上十年以下有期徒刑，并处罚金；情节特别严重的，处十年以上有期徒刑，并处罚金或者没收财产。

一句话说法

大家在国外旅游，想要带一些国外的特产或纪念品回国时，一定要提前做好“功课”，了解相关的海关查验法规以及限制进境物品，避免造成不必要的损失。

67. 疫情防控期间，不配合隔离的传染病人密切接触者，可能会面临什么后果?

案例背景

新冠肺炎疫情暴发以来，全国各地立即开展有序的疫情防控工作。正在防疫的紧张阶段，W 市某派出所接到群众举报，M 小区发生了隔离人员与社区工作人员的冲突事件。派出所立即派出警力前往调查了解。经了解得知：郭先生为 2 月 19 日从外地乘公共交通工具返 W 市人员，由于在外地时密切接触了病毒携带者，被要求按照防疫相关规定，隔离 14 日。但是，郭先生并没有严格落实隔离的要求，而是违反隔离规定随意走出隔离范围，引发了周边民众的恐慌和不满。社区工作人员对郭先生提出了严肃批评，并提醒他要严格执行居家隔离的规定。对此，郭先生不仅不接受批评，依然我行我素，违反隔离要求，偷偷外出逛商场，而且与社区工作人员发生激烈扭打，造成了极为恶劣的影响。

学法有疑

郭先生应当接受隔离但不配合隔离的，可能会面临什么样的后果？

法律讲堂

疫情期间，配合工作人员做好疫情防控工作是我们每个公民义不容辞的责任。为了筑牢疫情防控安全网，有效阻断病毒传播途径，配合做好居家隔离工作，是为自己，也是为他人的生命安全负责。而我国对需要接受隔离、治疗、医学观察措施的病人、疑似病人和传染病病人的密切接触者，规定了配合隔离的法定义务。

在本案中，郭先生是病人的密切接触者，处于疫情暴发的关键时期，郭先生应当按规定进行严格隔离观察，这也是他的法定义务。但是，在隔离期内，郭先生没有严格执行居家隔离的规定，引发了邻居的恐慌，甚至与社区人员发生冲突，给防疫工作带来了负面影响。郭先生的这种行为违反了法律规定，属于违法行为，可以由公安机关依法协助采取强制隔离治疗措施。

法律条文

《中华人民共和国突发公共卫生事件应急条例》

第四十四条 在突发事件中需要接受隔离治疗、医学观察措施的病人、疑似病人和传染病病人密切接触者在卫生行政主管部门或者有关机构采取医学措施时应当予以配合；拒绝配合的，由公安机关依法协助强制执行。

《中华人民共和国传染病防治法》

第三十九条第二款 拒绝隔离治疗或者隔离期未满擅自脱离隔离治疗的，可以由公安机关协助医疗机构采取强制隔离治疗措施。

一句话说法

在疫情面前，我们是一个命运共同体，也是一个责任共同体。公民都有配合做好防疫工作的责任，主动接受检查、按照要求居家隔离。在疫情防控期间，传染病人的密切接触者有配合隔离治疗、接受医学观察的法定义务，应予以配合。如果拒绝配合疫情防控工作而造成严重后果的，还可能要依法承担行政责任甚至刑事责任。

68. 食用野生动物及其制品需要承担什么法律责任?

案例背景

Q 市是国内著名的旅游城市，每年慕名而来的游客络绎不绝。A 大酒店是当地知名饭店，来到 Q 市的游客很多都会光顾该大酒店。A 大酒店为了追求经济利益，推出了新款“野味套餐”，在形式和花样上结合当地特色，吸引了大量外地游客光顾。但是，在 Q 市市场监督管理部门的日常检查中发现，A 大酒店的“野味套餐”皆是以野生动物为原材料加工而成，其行为违反法律规定，市场监督管理部门责令其立刻下架“野味套餐”，并对该酒店作出了处罚决定。

学法有疑

A 大酒店需要承担什么法律责任？食用“野味套餐”的消费者是否需要承担责任？

法律讲堂

野生动物资源属于国家所有，任何人、任何单位都不得为了一己私利，生产、经营、为食用非法购买国家重点保护的野生动物及其制品。根据我国《野生动物保护法》第三十条规定：“禁止生产、经营使用国家重点保护野生动物及其制品制作的食品，或者使用没有合法来源证明的非国家重点保护野生动物及其制品制作的食品。禁止为食用非法购买国家重点保护的野生动物及其制品。”由此可见，国家禁止生产、经营、使用及食用野生动物及其制品。同时，本法第四十九条规定：“违反本法第三十条规定，生产、经营使用国家重点保护野生动物及其制品或者没有合法来源证明的非国家重点保护野生动物及其制品制作食品，或者为食用非法购买国家重点保护的野生动物及其制品的，由县级以上人民政府野生动物保护主管部门或者市场监督管理部门按照职责分工责令停止违法行为，没收野生动物及其制品和违法所得，并处野生动物及其制品价值二倍以上十倍以下的罚款；构成犯罪的，依法追究刑事责任。”也就是说，不论是生产经营者还是食用者，都要承担相应的法律责任。

在本案中，A大酒店作为野生动物及其制品的生产经营者要立即停止售卖“野味套餐”的违法行为，市场监督管理部门要没收其违法所得，并处以罚款；情节严重的，还将移交司法部门进行处理。而对于食用“野味套餐”的消费者，要进行严肃的批评教育，告诫其食用野生动物的隐患和对野生动物生存的危害，呼吁食客不吃野生动物、不买相关制品。对于不听劝阻，执意购买和食用的，可以作出相应的行政处罚。

法律条文

《中华人民共和国野生动物保护法》

第三十条 禁止生产、经营使用国家重点保护野生动物及其制品制作的食品，或者使用没有合法来源证明的非国家重点保护野生动物及其制品制作的食品。

禁止为食用非法购买国家重点保护的野生动物及其制品。

第四十九条 违反本法第三十条规定，生产、经营使用国家重点保护野生动物及其制品或者没有合法来源证明的非国家重点保护野生动物及其制品制作食品，或者为食用非法购买国家重点保护的野生动物及其制品的，由县级以上人民政府野生动物保护主管部门或者市场监督管理部门按照职责分工责令停止违法行为，没收野生动物及其制品和违法所得，并处野生动物及其制品价值二倍以上十倍以下的罚款；构成犯罪的，依法追究刑事责任。

《全国人民代表大会常务委员会关于全面禁止非法野生动物交易、革除滥食野生动物陋习、切实保障人民群众生命健康安全的决定》

一、凡《中华人民共和国野生动物保护法》和其他有关法律禁止猎捕、交易、运输、食用野生动物的，必须严格禁止。

对违反前款规定的行为，在现行法律规定基础上加重处罚。

二、全面禁止食用国家保护的“有重要生态、科学、社会价值的陆生野生动物”以及其他陆生野生动物，包括人工繁育、人工饲养的陆生野生动物。

全面禁止以食用为目的猎捕、交易、运输在野外环境自然生长繁殖的陆生野生动物。

对违反前两款规定的行为，参照适用现行法律有关规定处罚。

一句话说法

野生动物资源属于国家所有，每个公民都应当自觉树立保护野生动物、维护生态平衡的意识，任何组织和个人不能出于任何目的违法狩猎和食用野生动物。而且，食用野生动物及其制品危害极大，野生动物体内可能带有人类无法免疫的病毒，如果处理不当会给人体健康带来极大的伤害。

69. 儿童是否必须接种疫苗？接种疫苗有什么意义？

案例背景

倩倩的出生给吴某全家人带来了许多欢乐。按照规定，倩倩和其他婴幼儿一样要定期到防疫站接种疫苗。由于防疫站距离倩倩的家较远，每次去接种疫苗都要花费很多时间，而且每次接种疫苗后倩倩都哭闹不止。倩倩的奶奶认为，接种疫苗非常耗费精力，也会给孩子带来负面情绪，而且倩倩的身体非常健康，不接种疫苗也没有什么关系。但是，倩倩的父母认为，接种疫苗不仅能够保护倩倩的身体健康，而且是遵守国家相关规定的要求，应当按时为倩倩接种疫苗。倩倩的奶奶非常不理解，与倩倩的父母发生了激烈的争吵。

学法有疑

儿童是否必须接种疫苗？接种疫苗有什么意义？

法律讲堂

儿童必须按时接种疫苗。接种相应的疫苗后，儿童体内会产生相应的抗体，可以有效地保护儿童的身体健康，接种疫苗对孩子的健康成长和传染病的防治有着重要意义。我国于2019年6月通过了《中华人民共和国疫苗管理法》，该法第六条第三款规定："县级以上人民政府及其有关部门应当保障适龄儿童接种免疫规划疫苗。监护人应当依法保证适龄儿童按时接种免疫规划疫苗。"按照法律要求，为适龄儿童接种疫苗是社会和家长共同的责任，政府及相关部门应当保证儿童按时接种免疫规划疫苗。同时，该法第九十二条规定，如果监护人没有依法保证适龄儿童按时接种免疫规划疫苗的，县级人民政府卫生健康主管部门将予以批评教育，责令改正。由此可知，监护人应当依法按时为适龄儿童接种疫苗，否则要承担相关法律责任。

此外，接种疫苗是预防、控制传染病最经济的手段，也是最有效的手段。我国《传染病防治法》第十五条第二款规定："国家对儿童实行预防接种证制度。国家免疫规划项目的预防接种实行免费。医疗机构、疾病预防控制机构与儿童的监护人应当相互配合，保证儿童及时接受预防接种。"因此，儿童的监护人应当配合医疗机构为适龄儿童按时接种疫苗。

在本案中，倩倩作为适龄儿童，必须按照计划接种国家免疫规划疫苗。当然，对于规划外的疫苗，倩倩的父母可以自主决定是否为其接种。倩倩父母的做法是正确的，倩倩奶奶的想法是错误的。

法律条文

《中华人民共和国疫苗管理法》

第六条 国家实行免疫规划制度。

居住在中国境内的居民，依法享有接种免疫规划疫苗的权利，履行接种免疫规划疫苗的义务。政府免费向居民提供免疫规划疫苗。

县级以上人民政府及其有关部门应当保障适龄儿童接种免疫规划疫苗。监护人应当依法保证适龄儿童按时接种免疫规划疫苗。

第九十二条 监护人未依法保证适龄儿童按时接种免疫规划疫苗的，由县级人民政府卫生健康主管部门批评教育，责令改正。

托幼机构、学校在儿童入托、入学时未按照规定查验预防接种证，或者发现未按照规定接种的儿童后未向接种单位报告的，由县级以上地方人民政府教育行政部门责令改正，给予警告，对主要负责人、直接负责的主管人员和其他直接责任人员依法给予处分。

《中华人民共和国传染病防治法》

第十五条第二款 国家对儿童实行预防接种证制度。国家免疫规划项目的预防接种实行免费。医疗机构、疾病预防控制机构与儿童的监护人应当相互配合，保证儿童及时接受预防接种。具体办法由国务院制定。

为适龄儿童接种国家免疫规划疫苗，是我国境内居民的一项法定义务，而不是监护人的自愿选择。接种疫苗可以在儿童体内产生抗体，有效防止高发性传染病的传播，阻断病毒传播途径。因此，为了自己孩子和社会公众的安全，应当按照要求按时接种疫苗。

70. 在什么情况下，用工单位招工必须向卫生防疫部门报告?

案例背景

D纤维厂是某省一家大型布料生产厂家，产品种类丰富、质量上乘，效益屡创新高。在疫情期间，国内外企业需要大量的无纺布作为原料生产口罩，D纤维厂在短时间内承接了大量订单。因为生产任务比较紧迫，纤维厂现有的工人无法按时完成订单任务，因此，工厂负责人张经理决定紧急招用一批临时工参与生产制造工作。经生产部门预估，此次大约需要招用临时工260人，纤维厂紧急面向社会进行公开招工。纤维厂招工非常顺利，在一周内就招录了260名职工。之后，纤维厂人事部门提出，本次招用临时工人数较多，需要向当地政府卫生防疫部门报告。张经理认为太麻烦，此次只是短时间用工，没有必要多此一举。

学法有疑

此次纤维厂用工需要向卫生防疫部门报告吗？用工单位招用多少人时需要报告？

法律讲堂

向当地政府卫生管理部门报告、主动接受卫生防疫部门的监管，是企业卫生管理工作的重要组成部分，有利于卫生防疫部门及时、全面、准确地了解企业卫生状况，对科学地制定疾病的预防、发生、控制对策有至关重要的意义，也有利于企业的有序运行和良性发展。根据我国《传染病防治法实施办法》第二十条的规定："招用流动人员二百人以上的用工单位，应当向当地政府卫生行政部门指定的卫生防疫机构报告，并按照要求采取预防控制传染病的卫生措施。"由此可见，如果企业招用人员较多，人员密集度较大时，容易出现卫生安全方面的问题，应当及时向卫生防疫部门报告。按照法律规定，招用流动工人在 200 人以上的，用工单位应当向卫生行政部门报告。

在本案中，D 纤维厂短期内招用了 260 名临时工投入生产，按照法律规定应当向卫生防疫部门报告。尤其是纤维厂此次招工还处于防疫期间，稍有不慎，可能会引发群体性、聚集性感染，因此，必须依法向卫生防疫部门报告。同时，按照《消毒管理办法》第十五条的规定，该厂还应当对流动人员集中生活起居的场所及使用的物品定期进行消毒，以保障员工生活工作场所的卫生安全。

法律条文

《中华人民共和国传染病防治法实施办法》

第二十条 招用流动人员二百人以上的用工单位，应当向当地政府卫生行政部门指定的卫生防疫机构报告，并按照要求采取预防控制传染病的卫生措施。

《消毒管理办法》

第十五条 招用流动人员 200 人以上的用工单位，应当对流动人员集中生活起居的场所及使用的物品定期进行消毒。

通常来说，工厂是人员密集度较大的场所，尤其对于流动人员较多的工厂来说，发生卫生安全问题的概率较大。因此，企业用工时应当按照要求及时向政府卫生部门报告情况，以便卫生部门及时掌握相关情况，制定科学、合理的应急政策和措施，最大限度地减少传染病发生的危险。

71. 从事什么职业需要持有健康合格证？

案例背景

小胡是一名游泳爱好者，从小就熟练掌握各种游泳技能，参加业余选手比赛时还获得了金牌。大学毕业后，小胡一直没有找到理想的工作，于是他来到某游泳馆应聘游泳教练，想一边工作，一边等待更合适自己专业的工作机会。游泳馆的负责人刘经理要求小胡上岗之前到指定医院去办理健康证。小胡认为这个工作只是短时间的过渡，没有必要办理健康证。刘经理认为小胡的专业素质非常好，一时间也找不到更加合适的教练，便同意小胡成为游泳馆的专职教练。

学法有疑

刘经理的做法对吗？小胡可以在没有取得健康合格证的情况下上岗吗？

法律讲堂

刘经理的做法错误，小胡应当持有健康合格证才能上岗执业。根据我国《公共场所卫生管理条例》第七条规定："公共场所直接为顾客服务的人员，持有'健康合格证'方能从事本职工作。患有痢疾、伤寒、病毒性肝炎、活动期肺结核、化脓性或者渗出性皮肤病以及其他有碍公共卫生的疾病的，治愈前不得从事直接为顾客服务的工作。"同时，该条例第二条明确规定了公共场所的范围："（一）宾馆、饭馆、旅店、招待所、车马店、咖啡馆、酒吧、茶座；（二）公共浴室、理发店、美容店；（三）影剧院、录像厅（室）、游艺厅（室）、舞厅、音乐厅；（四）体育场（馆）、游泳场（馆）、公园；（五）展览馆、博物馆、美术馆、图书馆；（六）商场（店）、书店；（七）候诊室、候车（机、船）室、公共交通工具。"由此可见，在公共场所从事服务业的人员需要持有健康合格证才能上岗工作。由于此类工作人员的服务对象是不特定的人群，接触人员较多、流动性较大，从公共卫生健康的角度考虑，为了防止疾病传播，无论是短期兼职还是正式就职，都必须进行健康检查，在取得有效的健康合格证明后才能上岗。

在本案中，游泳馆属于法律明确规定的公共场所范围，直接接触到大量人群。不论出于何种原因，小胡都不能无证上岗。刘经理明知小胡没有办理健康合格证，还同意其上岗执业的行为已经违反法律规定。根据该条例第十四条的规定，卫生防疫机构可以根据情节轻重，给予其警告、罚款、停业整顿、吊销"卫生许可证"的行政处罚。

法律条文

《公共场所卫生管理条例》

第二条 本条例适用于下列公共场所：

（一）宾馆、饭馆、旅店、招待所、车马店、咖啡馆、酒吧、茶座；

（二）公共浴室、理发店、美容店；

（三）影剧院、录像厅（室）、游艺厅（室）、舞厅、音乐厅；

（四）体育场（馆）、游泳场（馆）、公园；

（五）展览馆、博物馆、美术馆、图书馆；

（六）商场（店）、书店；

（七）候诊室、候车（机、船）室、公共交通工具。

第七条 公共场所直接为顾客服务的人员，持有“健康合格证”方能从事本职工作。患有痢疾、伤寒、病毒性肝炎、活动期肺结核、化脓性或者渗出性皮肤病以及其他有碍公共卫生的疾病的，治愈前不得从事直接为顾客服务的工作。

第十四条 凡有下列行为之一的单位或者个人，卫生防疫机构可以根据情节轻重，给予警告、罚款、停业整顿、吊销“卫生许可证”的行政处罚：

……

（二）未获得“健康合格证”，而从事直接为顾客服务的；

……

公共场所是感染传染性疾病的高危场所，注重公共场所的卫生安全尤为重要。作为公共场所的服务人员，工作期间会直接接触大量顾客，如果无健康合格证就上岗执业，可能会给顾客的人身健康带来极大的隐患。因此，公共场所的服务人员取得健康合格证是上岗执业的必要条件。

72. 在传染病疫情期间，乘坐公共交通工具的旅客必须接受卫生检疫检查吗？

案例背景

2020年春季，全球范围内暴发了严重的新冠肺炎疫情，该病毒可以通过飞沫传播，传染范围广、速度快。我国政府为了有效控制疫情发展，各部门、各领域采取多项措施，尤其对公共交通领域加强了管控力度。小茹是H市政府某部门工作人员，疫情期间被派往火车站参与出入站旅客卫生检疫工作。3月2日，杨先生想乘火车回老家看望生病的母亲，按照要求应当接受工作人员的卫生安全检查。但是，杨先生很不耐烦，表示这几天已经接受了多次体温测量、登记了多次个人信息，拒绝接受小茹对其进行体温检测，拒绝填写《旅客健康申报卡》。由于非经检查登记人员不得进入火车站，杨先生与小茹发生了激烈的冲突，给火车站的秩序造成了严重影响，因此滞留了大量旅客。

学法有疑

杨先生可以拒绝配合卫生安全检查吗？在疫情期间，乘坐公共交通工具的旅客是否必须接受卫生检疫检查？

法律讲堂

在传染病疫情发生期间，接受交通部门卫生检疫是每个旅客的责任和义务。乘坐公共交通工具会短时间在封闭的空间接触大量人员，在人员密集度较大的情况下加大了感染疾病的风险。根据我国《突发公共卫生事件交通应急规定》第二十四条规定："重大传染病疫情发生后，旅客乘坐车船，应当接受交通卫生检疫，如被初验为检疫传染病病人或者疑似检疫传染病病人、可能感染检疫传染病病人以及国务院卫生行政主管部门规定需要采取应急控制措施的传染病病人、疑似传染病病人及其密切接触者，还应当接受留验站或者卫生行政主管部门疾病预防控制机构对其实施临时隔离、医学检查或者其他应急医学措施。客运站应当认真查验《旅客健康申报卡》和客票。对不填报《旅客健康申报卡》的旅客，应当拒绝其乘坐客车、客船，并说明理由。”火车与汽车、轮船一样，都属于公共交通工具。由此可知，疫情期间乘坐公共交通工具应当依法接受交通卫生检疫、认真如实填报《旅客健康申报卡》，以便疫情防治工作的开展。这是旅客的法定义务，不得以任何理由拒绝。

在本案中，杨先生拒绝配合小茹等工作人员测量体温、拒绝填写《旅客健康申报卡》的行为违反了法律规定，对此工作人员可拒绝杨先生乘坐火车。

法律条文

《突发公共卫生事件交通应急规定》

第二十四条 重大传染病疫情发生后，旅客乘坐车船，应当接受交通卫生检疫，如被初验为检疫传染病病人或者疑似检疫传染病病人、可能感染检疫传染病病人以及国务院卫生行政主管部门规定需要采取应急控制措施的传染病病人、疑似传染病病人及其密切接触者，还应当接受留验站或者卫生行政主管部门疾病预防控制机构对其实施临时隔离、医学检查或者其他应急医学措施。

客运站应当认真查验《旅客健康申报卡》和客票。对不填报《旅客健康申报卡》的旅客，应当拒绝其乘坐客车、客船，并说明理由。

一句话说法

积极配合防疫检查，是每个公民应尽的社会责任，也是每个公民必须履行的法定义务。在疫情期间出行，旅客应当依法自觉接受交通部门卫生检疫，这既有利于保障自己和他人的生命健康安全，也有利于防疫工作的顺利有序开展。抗击疫情，人人尽责，才能共同筑起一座坚实的防疫堡垒。

73. 在网上发布关于公共卫生事件的虚假信息，将承担什么法律后果？

案例背景

冰冰是一名上班族，受新冠肺炎疫情的影响，冰冰的单位一直没有复工。自从上班之后，冰冰就没有享受过如此悠闲的时光，冰冰觉得在老家休息非常好，暂时不想回到工作岗位。然而，疫情得到有效控制后，各类企业纷纷开始有序复产复工，冰冰的单位也向员工发出复工通知。由于冰冰不想马上回单位上班，于是向领导撒谎说自己所在的小区出现了新冠肺炎感染病例，小区已经被封闭。为了使领导相信自己，冰冰还编造了一条小区已经封闭的虚假信息发布到自己的朋友圈中。这条朋友圈很快被转发、扩散，在各大微信群中广泛被网友浏览，引起了当地不小的恐慌。

学法有疑

冰冰这种行为合法吗？在网上发布关于公共卫生事件的虚假信息，可能会承担什么法律后果？

法律讲堂

冰冰的行为属于散布虚假信息，俗称“造谣”，是一种违法行为。根据我国《治安管理处罚法》第二十五条规定：“有下列行为之一的，处五日以上十日以下拘留，可以并处五百元以下罚款；情节较轻的，处五日以下拘留或者五百元以下罚款：（一）散布谣言，谎报险情、疫情、警情或者以其他方法故意扰乱公共秩序的；……”由此可见，散布谣言，发布有关疫情的虚假信息属于违法行为。同时，根据疫情期间出台的《关于依法惩治妨害新型冠状病毒感染肺炎疫情防控违法犯罪的意见》：“编造虚假的疫情信息，在信息网络或者其他媒体上传播，或者明知是虚假疫情信息，故意在信息网络或者其他媒体上传播，严重扰乱社会秩序的，依照刑法第二百九十一条之一第二款的规定，以编造、故意传播虚假信息罪定罪处罚。编造虚假信息，或者明知是编造的虚假信息，在信息网络上散布，或者组织、指使人员在信息网络上散布，起哄闹事，造成公共秩序严重混乱的，依照刑法第二百九十三条第一款第四项的规定，以寻衅滋事罪定罪处罚。利用新型冠状病毒感染肺炎疫情，制造、传播谣言，煽动分裂国家、破坏国家统一，或者煽动颠覆国家政权、推翻社会主义制度的，依照刑法第一百零三条第二款、第一百零五条第二款的规定，以煽动分裂国家罪或者煽动颠覆国家政权罪定罪处罚。”由此可知，如果编造虚假的信息在网络上散布，造成公共秩序混乱严重后果的，还可能构成犯罪，需要承担刑事责任。总之，造谣者发布虚假信息后，将面临罚款或拘留等行政处罚，甚至是刑事处罚。

在本案中，冰冰编造关于小区暴发新型冠状肺炎疫情的虚假信息，使得大范围转发浏览，给当地居民造成了很大的恐慌，可能需要承担罚款、拘留等行政责任。

法律条文

《中华人民共和国治安管理处罚法》

第二十五条　有下列行为之一的，处五日以上十日以下拘留，可以并处五百元以下罚款；情节较轻的，处五日以下拘留或者五百元以下罚款：

（一）散布谣言，谎报险情、疫情、警情或者以其他方法故意扰乱公共秩序的；

……

《关于依法惩治妨害新型冠状病毒感染肺炎疫情防控违法犯罪的意见》

编造虚假的疫情信息，在信息网络或者其他媒体上传播，或者明知是虚假疫情信息，故意在信息网络或者其他媒体上传播，严重扰乱社会秩序的，依照刑法第二百九十一条之一第二款的规定，以编造、故意传播虚假信息罪定罪处罚。

编造虚假信息，或者明知是编造的虚假信息，在信息网络上散布，或者组织、指使人员在信息网络上散布，起哄闹事，造成公共秩序严重混乱的，依照刑法第二百九十三条第一款第四项的规定，以寻衅滋事罪定罪处罚。

利用新型冠状病毒感染肺炎疫情，制造、传播谣言，煽动分裂国家、破坏国家统一，或者煽动颠覆国家政权、推翻社会主义制度的，依照刑法第一百零三条第二款、第一百零五条第二款的规定，以煽动分裂国家罪或者煽动颠覆国家政权罪定罪处罚。

一句话说法

当前社会，信息传播方式简便、速度快捷，虚假信息很容易给社会造成混乱。发布者通过自己的想象，编造事实并传播的行为，是一种扰乱视听的违法行为。尤其在疫情期间，社会大众处于高度敏感及紧张的状态，散布关于疫情的谣言更是会造成较为严重的后果。因此，每位公民要严控自己的行为，自觉做到不造谣、不信谣、不传谣。

第8章 交通旅行

74. 因前车抛掷垃圾导致后车发生交通事故的，责任由谁承担？

案例背景

某日，杨某开车带妻子去某饭店吃饭。在行驶过程中，前面的车辆驾驶人员突然从车窗扔出一个塑料袋，因当日风大，塑料袋正好落到杨某眼前的汽车玻璃上，杨某无法及时看清路况，不慎撞到前面的车辆。因撞击剧烈，杨某妻子头部受伤。经医院治疗，共花费2000元医疗费。同时，杨某车辆受损严重，维修需花费4000元。杨某要求前车驾驶员承担赔偿责任，但其称事故是杨某自己不小心造成的，与其无关，拒不赔偿。还辩称，自己的车辆被杨某追尾，杨某还应当赔偿自己的修车费用。

学法有疑

因前车抛掷垃圾导致后车发生交通事故，责任由谁承担？

法律讲堂

我国《道路交通安全法实施条例》第六十二条规定，驾驶机动车时不得向道路上抛撒物品。同时，《道路交通安全法》第七十六条规定，机动车之间发生交通事故的，由有过错的一方承担赔偿责任。由此可见，驾车过程中向道路上抛掷物品是法律所禁止的行为，如果因驾驶过程中抛撒物品导致其他车辆发生交通事故的，抛撒物品的车辆存在过错，应负赔偿责任。案例中，杨某正常行驶，前面车辆违规抛掷塑料袋垃圾，影响了杨某正常驾驶，因此发生了交通事故，杨某及妻子受到的损失应由前面的车辆负责。

法律条文

《中华人民共和国道路交通安全法实施条例》

第六十二条 驾驶机动车不得有下列行为：

……

（五）向道路上抛撒物品；

……

《中华人民共和国道路交通安全法》

第七十六条 机动车发生交通事故造成人身伤亡、财产损失的，由保险公司在机动车第三者责任强制保险责任限额范围内予以赔偿；不足的部分，按照下列规定承担赔偿责任：

（一）机动车之间发生交通事故的，由有过错的一方承担赔偿责任；双方都有过错的，按照各自过错的比例分担责任。

（二）机动车与非机动车驾驶人、行人之间发生交通事故，非机动车驾驶人、行人没有过错的，由机动车一方承担赔偿责任；有证据证明非机动车驾驶人、行人有过错的，根据过错程度适当减轻机动车一方的赔偿责任；机动车一方没有过错的，承担不超过百分之十的赔偿责任。

交通事故的损失是由非机动车驾驶人、行人故意碰撞机动车造成的，机动车一方不承担赔偿责任。

一句话说法

随着私家车的普及，交通事故发生率也越来越高，驾驶机动车方便出行的同时，一定要熟悉道路交通规则，严格按交通规则行驶。一个不经意的行为可能导致一起交通事故，不但可能需要承担民事赔偿责任，甚至还要背负刑事责任。上路行驶，一定切记文明驾驶，安全你我。

75. 拼车发生交通事故，可以要求司机赔偿吗？

案例背景

某日，冯某与另一位乘客张某共同拼车回老家。因为拼车乘坐出租车比单独乘车票价优惠一半，二人都同意拼车。行驶过程中，由于一辆面包车违规变道，致使出租车追尾发生交通事故。因撞击剧烈，冯某头部受伤严重。事后，交警出具了事故责任认定书，其中面包车负主要责任，出租车负次要责任，乘客冯某、张某不负责任。出院后，冯某要求出租车司机赔偿自己的损失。司机称，面包车负主要责任，自己也是受害者，何况冯某是和别人拼车，在车费上已经享受优惠，因此拒绝赔偿。

学法有疑

拼车发生交通事故后，冯某可以要求司机赔偿吗？

法律讲堂

根据我国《民法典》第八百一十一条和第八百二十三条的规定，承运人应当将乘客安全运输至约定地点，并对运输过程中乘客的伤亡承担损害赔偿责任。同时,《民法典》第一百七十八条规定,二人以上依法承担连带责任的,权利人有权请求部分或全部连带责任人承担责任。乘客招揽出租车上车后,即与出租车之间形成了旅客运输合同关系,承运人应按合同约定将乘客安全运输至目的地。如果因第三人与搭乘车辆共同造成旅客受伤,二者对旅客的损失承担连带赔偿责任。案例中,冯某虽是通过拼车的方式搭乘出租车,但冯某仍支出了费用,且拼车行为是出租车司机允许的,是双方就旅客运输合同达成的一致意见,与交通事故赔偿责任承担问题没有关系。冯某与出租车之间形成了有偿的旅客运输合同关系,非冯某原因,出租车未按合同约定将冯某安全运输至目的地,应对冯某的损害负赔偿责任。面包车和出租车对事故的发生负连带责任,冯某可依法向出租车主张赔偿全部损失。出租车赔偿后,可根据责任大小向面包车追偿。因此,拼车发生交通事故,冯某可以要求司机赔偿。

法律条文

《中华人民共和国民法典》

第一百七十八条 二人以上依法承担连带责任的,权利人有权请求部分或者全部连带责任人承担责任。

连带责任人的责任份额根据各自责任大小确定;难以确定责任大小的,平均承担责任。实际承担责任超过自己责任份额的连带责任人,有权向其他连带责任人追偿。

连带责任,由法律规定或者当事人约定。

第八百一十一条 承运人应当在约定期限或者合理期限内将旅客、货物安全运输到约定地点。

第八百二十三条第一款 承运人应当对运输过程中旅客的伤亡承担赔偿责任;但是,伤亡是旅客自身健康原因造成的或者承运人证明伤亡是旅客故意、重大过失造成的除外。

《中华人民共和国道路交通安全法》

第七十六条第一款 机动车发生交通事故造成人身伤亡、财产损失的,由保险公司在机动车第三者责任强制保险责任限额范围内予以赔偿；不足的部分，按照下列规定承担赔偿责任：

（一）机动车之间发生交通事故的，由有过错的一方承担赔偿责任；双方都有过错的，按照各自过错的比例分担责任。

……

承运人对乘客负有安全保障义务，在运送乘客时，一定要按交通规则驾驶。当然，乘客依然要注重自身安全，如果乘车过程中发现司机有超速等违规行为，为了所有人的安全，乘客要及时提醒司机。

76. 过口岸时，逃避检查的，可能面临怎样的责任？

案例背景

2019 年 3 月，王某通过别人介绍出境到泰国的一家冶炼工厂务工。2020 年 8 月，王某工作到期，计划乘坐轮船回国。王某的护照签证还未办理完毕，但家里却打来电话称，母亲病危，王某着急回家，便计划逃避口岸的出入境检查。于是，王某偷偷躲到一艘从泰国进入中国的农产品贸易货轮里，逃避了边防检查，如愿回国。但是，在下船时，却被出入境检查点的工作人员发现。

学法有疑

过口岸时，王某逃避检查，可能面临怎样的责任？

法律讲堂

我国《出境入境管理法》第七十条、七十一条规定，逃避出境入境边防检查的或以其他方式非法出境入境的，将面临一定数额的罚款。如果情节严重，公安机关或出入境边防检查机关将对逃避出入境边防检查人员处以拘留，并同时处以罚款。由此可见，不论是出国工作还是出国游玩，一定要遵守边防制度，依法接受检查。否则，会因为违法而受到法律的制裁。案例中，王某未按规定办理完毕护照和签证，偷偷躲在其他入境交通工具中而逃避检查，违反了《出境入境管理法》第七十一条的规定。由于其行为情节不算严重，可能会被处以一千元以上五千元以下的罚款。

法律条文

《中华人民共和国出境入境管理法》

第七十条 本章规定的行政处罚，除本章另有规定外，由县级以上地方人民政府公安机关或者出入境边防检查机关决定；其中警告或者五千元以下罚款，可以由县级以上地方人民政府公安机关出入境管理机构决定。

第七十一条 有下列行为之一的，处一千元以上五千元以下罚款；情节严重的，处五日以上十日以下拘留，可以并处二千元以上一万元以下罚款：

（一）持用伪造、变造、骗取的出境入境证件出境入境的；

（二）冒用他人出境入境证件出境入境的；

（三）逃避出境入境边防检查的；

（四）以其他方式非法出境入境的。

一句话说法

沿海港口是关系国家经济、政治安全的重要通道，任何出入境的车辆、人员都要依法接受边防检查。如果逃避检查，将会面临不同程度的法律处罚。因此，当我们出境或入境时一定要遵守规定，以免给自己带来不必要的麻烦。

77. 旅游时破坏名胜古迹，要承担什么责任？

案例背景

国庆节期间，家住云南省的高某和家人一起到长城旅游。因第一次到长城，高某兴奋之余，用携带的挖耳勺在城墙上刻下“高某某到此一游”几个大字，还用喷漆喷上了颜色。家人劝阻高某不要这样做，高某认为好不容易出来一趟，而且是登上了万里长城，一定要留下印记。而且他觉得其他游客也有刻字的，便不以为然。更为严重的是，高某看到一块城墙的砖头有些松动，便想用力将砖头取出来，企图带回老家。

学法有疑

高某旅游时破坏名胜古迹，要承担什么责任？

法律讲堂

名胜古迹记载着我国的历史，记载着中华文化，是需要全国人民共同守护的。我国《治安管理处罚法》第六十三条规定，刻划、涂污或以其他方式故意损坏名胜古迹的，处以警告、罚款、拘留等不同程度的处罚。同时，我国《刑法》第三百二十四条规定，如果故意损毁名胜古迹的行为情节严重，将面临拘役等刑事处罚。由此可见，名胜古迹是受法律保护的，破坏者将会面临行政处罚，严重的还将面临刑事处罚。案例中，高某不听劝阻，故意在名胜古迹长城的城墙上刻划、涂污，已经违反了《治安管理处罚法》第六十三条的规定，有关机关将根据高某的情节轻重处以警告、罚款或拘留。高某将砖头取出的行为，对城墙造成很大程度的破坏。如果高某的行为属于《刑法》第三百二十四条规定的“情节严重”，检察机关将依法对高某提起公诉，若被认定违反《刑法》，高某可能面临坐牢的风险。

法律条文

《中华人民共和国治安管理处罚法》

第六十三条 有下列行为之一的，处警告或者二百元以下罚款；情节较重的，处五日以上十日以下拘留，并处二百元以上五百元以下罚款：

（一）刻划、涂污或者以其他方式故意损坏国家保护的文物、名胜古迹的；

（二）违反国家规定，在文物保护单位附近进行爆破、挖掘等活动，危及文物安全的。

《中华人民共和国刑法》

第三百二十四条第二款 故意损毁国家保护的名胜古迹，情节严重的，处五年以下有期徒刑或者拘役，并处或者单处罚金。

一句话说法

很多名胜古迹被人为破坏，很难修复。游客旅游时一定要坚持文明游览，注重保护我国的名胜古迹，保护历史文化。随意损坏名胜古迹，不仅会受到舆论、道德的谴责，还可能受到法律制裁。

78. 免票乘客遭遇交通事故受到的损害由谁赔偿？

案例背景

国庆节期间，张女士带儿子小明乘坐长途大巴车到北京故宫旅游，因儿子小明才4岁，身高不足1.2米，符合当地免票乘客的规定，于是张女士只购买了一张成人车票。张女士和儿子选择了第二排双人座的位置，并系好了安全带。在大巴车行驶到某十字路口时，突然发生交通事故，大巴车侧翻，造成小明头部受伤。经查，大巴车司机超速行驶，对本次交通事故负全部责任。待儿子在医院脱离危险后，张女士要求司机所在的长途汽车公司赔偿儿子的医疗费等。该长途汽车公司负责人称，小明是免费乘客，受到的损失应自理，拒绝赔偿。

学法有疑

小明符合免票规定，那因交通事故受到的损害应该由谁赔偿呢？

法律讲堂

张女士的儿子小明因交通事故受到的损害应由大巴车司机所在的长途汽车公司赔偿。根据我国《民法典》第八百二十三条的规定，承运人应当对运输过程中旅客的伤亡承担损害赔偿责任，按规定免票的无票旅客同样适用这一规定。由此可见，乘客遭遇交通事故受到损害，能否得到赔偿不以是否有偿购票来衡量。按照规定免票的乘客同样与承运人之间达成了一种旅客运输合同关系，承运人有义务保障旅客的人身安全。当旅客在运输过程中受到了人身损害，承运人应承担损害赔偿责任。司机驾驶大巴车的行为是职务行为，是为了完成其所在的长途汽车公司交代的工作任务，该公司应对职员的工作行为负责。本案中，承运人为该长途汽车公司，小明按规定免票乘车，非因小明原因遭受损害，其受到的损失应由承运人承担。因此，小明因乘坐大巴车遭遇交通事故而受到的损害应由长途汽车公司来赔偿。

法律条文

《中华人民共和国民法典》

第八百二十三条 承运人应当对运输过程中旅客的伤亡承担赔偿责任；但是，伤亡是旅客自身健康原因造成的或者承运人证明伤亡是旅客故意、重大过失造成的除外。

前款规定适用于按照规定免票、持优待票或者经承运人许可搭乘的无票旅客。

第一千一百九十一条第一款 用人单位的工作人员因执行工作任务造成他人损害的，由用人单位承担侵权责任。用人单位承担侵权责任后，可以向有故意或者重大过失的工作人员追偿。

一句话说法

免票不是承运人可以拒绝承担责任的正当理由，所以司机即使免费载客，也要注意安全行驶。同时，乘客要多了解交通规则，多学习自救知识，减少乘车对自己造成的损害。

79. 乘客自己将头探出出租车车窗外，受到损害由谁来赔偿？

案例背景

某天早上，高某因起床晚了，决定搭乘出租车上班。乘车过程中，高某习惯性地欲点火抽烟。出租车司机赶忙劝阻称，车内禁止吸烟，容易引起火灾和爆炸。高某推开车窗把头探出车外，笑着称，自己不在车内吸烟。出租车司机再次劝阻，告知头在车窗外危险太大，高某未在意。就在司机劝阻过程中，高某不慎被旁边行驶的私家车前车镜碰伤了头部。高某治愈后，向该出租车公司索赔医疗费等共计3000元。该出租车公司负责人称，司机已经劝阻高某不要将头伸出窗外，是高某自己执意不听劝阻，而且高某已经是成年人，应该能意识到危险的发生，所以造成的损失由高某自己承担。

学法有疑

高某受到的损害只能自己承担吗？

法律讲堂

高某自己将头探出车窗外受到的损害，应由高某自行承担。现在，路上车辆越来越多，事故发生率也越来越高，居民出行应提高安全意识，注意做好自我防护。对于因乘车人故意或者因重大过失造成的事故损失，我国《民法典》第八百二十三条规定，在运输过程中发生旅客伤亡的，如果承运人能证明伤亡是旅客故意或重大过失造成的，承运人无须承担责任。由此可见，乘客搭乘出租车的行为实质为乘客与承运人之间形成的旅客运输合同关系，尽管承运人有保障旅客人身安全的义务，但如果损害是因为乘客故意或重大过失造成的，那么承运人不承担责任。本案例中，出租车公司为承运人，高某为乘客，司机驾驶过程中，应当保护好高某的人身安全。但是，高某作为有社会经验的成年人，明知乘车过程中将头伸出车窗外是不正确的，而且司机也告知有危险并劝阻高某，结果是高某不听劝阻，因此造成了头部受伤，属于高某因重大过失造成了自身损害。出租车司机在此次事故中尽到了提醒注意义务，不存在过错，出租车公司既不存在违约的情形，也不存在侵权的情形。因此，高某治疗头部所花费的3000元费用应由高某自行承担，出租车公司无须为此承担赔偿责任。

法律条文

《中华人民共和国民法典》

第八百二十三条 承运人应当对运输过程中旅客的伤亡承担赔偿责任；但是，伤亡是旅客自身健康原因造成的或者承运人证明伤亡是旅客故意、重大过失造成的除外。

前款规定适用于按照规定免票、持优待票或者经承运人许可搭乘的无票旅客。

乘客在乘车过程中一定要注意自身的乘车安全，听从司机的合理建议。尽管承运人对乘客行车过程中的安全负有保障义务和损失赔偿责任，但乘客因故意、重大过失造成的损失不在归责范围内，乘客还需自己承担损失。

80. 公交车司机未及时将突发疾病的乘客送往医院，公交公司是否应承担责任？

案例背景

某日，杨某加班到晚上6点半，乘坐公交车回家。乘车过程中，杨某突然感觉身体不适，忍耐了几分钟后仍觉得心脏不舒服，意识到心脏病要复发。于是，杨某扶着栏杆走向司机，请求司机送自己去市中心医院。司机认为杨某病状不严重，而且还有3站就到终点，故未改变行车路线，继续前行。到站后司机发现杨某晕过去了，这才立即将杨某送至医院进行抢救。但杨某因延误最佳抢救时机而死亡。事后杨某的妻子要求公交公司承担责任，公交公司称杨某死亡是因为杨某本身患有心脏病，而且司机也送其至医院救治，杨某死亡与公交公司无关，拒绝承担责任。

学法有疑

公交公司的说法成立吗？

法律讲堂

公交公司的说法不成立。我国《民法典》第八百二十二条规定，承运人在运输过程中对患有急病、分娩、遇险的旅客有救助义务。由此可见，乘客患病虽然非承运人造成，但乘客在乘车过程中突发疾病，承运人依然负有救助的义务。承运人提供救助的方式包括拨打急救电话、送患者前往医院等。司机改变运输路线固然影响了其他乘客的利益，但救助患者应在首位。且法律明确规定了承运人的救助义务，若承运人明知乘客突发疾病而怠于救助，则需要对由此造成的乘客的损失承担责任。案例中，杨某发觉身体不适后向司机师傅求助，但司机师傅未在第一时间对杨某进行救助，而是继续按原路线行驶，导致杨某延误了最佳医疗时间，造成杨某死亡。虽然杨某自身患有心脏病史，但如果司机及时将其送至医院救治，即使杨某因抢救无效死亡，司机也可以免责。本案的结果是，由于乘客杨某在乘坐公交车的过程中突发疾病，司机师傅未尽到尽力救助的责任，存在一定的过错，与杨某的死亡存在一定的因果关系。因此，针对乘客杨某的死亡，公交公司应当承担赔偿责任。

法律条文

《中华人民共和国民法典》

第八百二十二条 承运人在运输过程中，应当尽力救助患有急病、分娩、遇险的旅客。

第八百二十三条第一款 承运人应当对运输过程中旅客的伤亡承担赔偿责任；但是，伤亡是旅客自身健康原因造成的或者承运人证明伤亡是旅客故意、重大过失造成的除外。

生命安全永远是第一位的，乘客患病即使不是司机造成的，司机也负有第一时间救助患病乘客的义务。当然，乘客要了解自己的身体状况，随身携带平时服用的药物，身体遇有不适的情况下，要积极寻求他人的帮助。

81. 旅客购买车票后，还未检票就在候车厅内受到人身损害，可以向车站要求赔偿吗？

案例背景

某日，王女士准备乘坐高铁到外地出差，取完车票后前往候车厅寻找卫生间，突然被地上的不明物绊倒，导致右手骨折。后发现，工人在维修候车厅地面的地板，但没有设置“正在维修”的任何提醒标志，才造成王女士被维修的施工工具绊倒。事后，王女士未能乘坐高铁。经治疗，共花费医疗费等2600元，购买的车票价值380元。出院后，王女士要求高铁站赔偿自己受到的各项损失。高铁站称，基于人道主义，可以退还王女士已购的车票费用，但王女士还未检票，对其受到的其他损失拒绝赔偿。

学法有疑

高铁站的理由成立吗？

法律讲堂

我国《民法典》第八百一十四条规定，客运合同自承运人向旅客出具客票时成立。可见，是否完成检票并非判断客运合同成立与否的标准。当车票出具时，乘客与承运人之间的客运合同关系即成立并生效。乘客已付车票费用，承运人应按合同全面履行义务，保障乘客人身、财产安全。案例中，王女士取完票在候车厅内受伤，且受伤的原因是施工过程中未设立警示标牌，导致王女士被绊倒。同时，我国《消费者权益保护法》规定，车站应当对消费者尽到安全保障义务。由此可见，乘客在候车厅内候车，高铁站应为乘客提供候车的安全场所。候车厅人多，任何施工都应设置警示标牌，提醒乘客注意安全。该高铁站未尽到安全保障义务，未及时设置警示牌，未及时清理障碍物，存在过错，是造成王女士受伤及财产损失的原因。因此，王女士要求高铁站赔偿其受到的各项损失于法有据，高铁站拒绝赔偿的理由不成立，高铁站应当赔偿由此给王女士造成的各项损失。

法律条文

《中华人民共和国民法典》

第五百零二条第一款 依法成立的合同，自成立时生效，但是法律另有规定或者当事人另有约定的除外。

第八百一十四条 客运合同自承运人向旅客出具客票时成立，但是当事人另有约定或者另有交易习惯的除外。

《中华人民共和国消费者权益保护法》

第十八条第二款 宾馆、商场、餐馆、银行、机场、车站、港口、影剧院等经营场所的经营者，应当对消费者尽到安全保障义务。

在公共场所，乘客一定要注意设置的警示标志。如果没有警示标志，自己也要注意安全，避免人身受损、耽误行程。如果损失已经造成，乘客可通过查询法律条文或咨询专业人士等方式了解高铁站等公共场所安全保障义务的范围和起点，积极维护自己的合法权益。

82. 顾客在住宿期间被殴打，宾馆未及时制止的，可以要求宾馆赔偿吗?

案例背景

乔先生在休假期间入住一家星级宾馆。入住当晚11点左右，乔先生准备入睡时，听到对面房间有人在放音乐唱歌。晚上12点多，对面房间仍然像在KTV一般，乔先生因太吵而无法入睡。于是，乔先生敲门，准备劝说对门声音小些。一男士开门，交涉过程中，男士脾气暴躁，将乔先生推倒在地并继续殴打。宾馆服务员上楼后看到乔先生被殴打，但因害怕波及自身没有及时出手制止，也未呼叫保安，导致乔先生被男士手中的酒瓶砸伤头部。后有人拨打120，乔先生被送至医院救治。简单包扎后，乔先生就回到了宾馆，但殴打自己的男士已不见踪影。于是，乔先生找到宾馆要求赔偿医疗费等。但宾馆认为，这是乔先生与那位男士之间的纠纷，与宾馆没有任何关系，拒绝赔偿。

学法有疑

宾馆有责任赔偿乔先生受到的损失吗？

法律讲堂

该宾馆有责任赔偿乔先生受到的损失。我国《消费者权益保护法》规定，宾馆应当对消费者尽到安全保障义务。同时，根据《最高人民法院关于审理人身损害赔偿案件适用法律若干问题的解释》第六条的规定，因第三人侵权导致损害结果发生的，由实施侵权行为的第三人承担赔偿责任。安全保障义务人有过错的，应当在其能够防止或者制止损害的范围内承担相应的补充赔偿责任。安全保障义务人承担责任后，可以向第三人追偿。可见，顾客付费住宿，宾馆不仅要为顾客提供舒适的住宿环境，还应在能够防止或制止损害的能力范围内保障顾客的人身安全，尽到安全保障义务。若顾客所受损害是由宾馆以外的第三人造成的，宾馆承担责任后，可向第三人进行追偿。案例中，宾馆服务人员看到乔先生被殴打，没有上前制止，也没有呼叫保安人员或报警。也就是说，宾馆没有及时采取措施防止损害的进一步发生，存在一定程度的过错。因此，该宾馆应当在能够防止或制止损害的范围内向乔先生负赔偿责任。该宾馆承担了责任后，可以向殴打乔先生的实际侵权人进行追偿。

法律条文

《中华人民共和国消费者权益保护法》

第十八条第二款 宾馆、商场、餐馆、银行、机场、车站、港口、影剧院等经营场所的经营者，应当对消费者尽到安全保障义务。

《最高人民法院关于审理人身损害赔偿案件适用法律若干问题的解释》

第六条 从事住宿、餐饮、娱乐等经营活动或者其他社会活动的自然人、法人、其他组织，未尽合理限度范围内的安全保障义务致使他人遭受人身损害，赔偿权利人请求其承担相应赔偿责任的，人民法院应予支持。

因第三人侵权导致损害结果发生的，由实施侵权行为的第三人承担赔偿责任。安全保障义务人有过错的，应当在其能够防止或者制止损害的范围内承担相应的补充赔偿责任。安全保障义务人承担责任后，可以向第三人追偿。赔偿权利人起诉安全保障义务人的，应当将第三人作为共同被告，但第三人不能确定的除外。

一句话说法

宾馆作为经营场所，要对入住的消费者提供安全的住宿条件。因入住人员数量多，建议宾馆为顾客提示入住规则，营造良好的入住环境，并安排服务员或保安及时为需要的顾客提供帮助。

83. 低价团费隐含多处购物环节，游客如何维权？

案例背景

某日，家住北京的董某看到某旅行社的旅游宣传册后，认为团购只需要300元就可以到海南省旅游一次很划算。于是，董某报名并交了费。到了海南后，董某在地接团导游王某的带领下，上了一辆大巴车，说是先安排酒店住宿。可是，车辆行驶了一小时后，在某一珠宝店门口停下。导游王某称，大巴车停留半小时，大家进去购物速去速回。董某对导游说，自己不需要买东西，就不下车了。导游王某讲到，如果董某不下车购物，就补交团费2000元。无奈下，董某只能下车随其他人一起去指定的商店购物。

学法有疑

对于导游强制游客购物的行为，游客该如何维护自己的合法权益？

法律讲堂

我国《旅游法》第三十五条规定，旅行社不得以不合理的低价组织旅游活动，诱骗旅游者，并通过安排购物或者另行付费旅游项目获取回扣等不正当利益。旅行社组织、接待旅游者，不得指定具体购物场所，不得安排另行付费旅游项目。但是，经双方协商一致或者旅游者要求，且不影响其他旅游者行程安排的除外。否则，旅游者有权在旅游行程结束后三十日内，要求旅行社为其办理退货并先行垫付退货货款，或者退还另行付费旅游项目的费用。也就是说，旅行社不得以低价的名义诱骗游客报团旅游，继而强制游客按指定的购物渠道购物或补交报团费用。如果游客购物行为不是自愿，而是旅行社自行安排的，则侵犯了游客的合法权益，是违法的。案例中，董某未被提前告知有购物安排，付费报团后被威胁购物，该旅行社的行为明显是违法的。对此，若董某已被强制购物，董某可在旅行结束后三十日内，要求该旅行社办理退货并可要求该旅行社先行垫付退货的货款。

法律条文

《中华人民共和国旅游法》

第三十五条 旅行社不得以不合理的低价组织旅游活动，诱骗旅游者，并通过安排购物或者另行付费旅游项目获取回扣等不正当利益。

旅行社组织、接待旅游者，不得指定具体购物场所，不得安排另行付费旅游项目。但是，经双方协商一致或者旅游者要求，且不影响其他旅游者行程安排的除外。

发生违反前两款规定情形的，旅游者有权在旅游行程结束后三十日内，要求旅行社为其办理退货并先行垫付退货货款，或者退还另行付费旅游项目的费用。

游客一定要理性报团，全面了解旅行社的旅游行程安排。如果旅游过程中，游客遭受强制购物，游客要保持冷静，留好购物凭证等证据，在旅行结束后积极通过正当途径弥补损失。

84. 旅行团因遭遇地震而被围困滞留，由此增加的食宿费用由谁承担?

案例背景

某日，李某报名参加了一个包食宿的旅行团，开启了为期五天的丽江之行。到达丽江之后，李某玩得很尽兴。在第五天刚要返程时，当地突然发生了地震，多处道路路面受损，导致车辆无法正常运行。整个旅行团只能滞留在当地，等待交通恢复。滞留期间，旅行社按报团的食宿标准继续为被滞留的游客提供食宿。三天后，旅行团安排了李某等人返程。返程途中，旅行社要求李某等人支付滞留期间旅行社多支付的食宿费。而李某等人称，被滞留不是游客的原因，拒绝支付。

学法有疑

旅行团因遭遇地震而被围困滞留，由此增加的食宿费用由谁承担?

法律讲堂

根据我国《旅游法》第六十七条的规定，危及旅游者人身、财产安全的，旅行社应当采取相应的安全措施，因此支出的费用，由旅行社与旅游者分担；造成旅游者滞留的，旅行社应当采取相应的安置措施。因此增加的食宿费用，由旅游者承担。由此可见，自然灾害的发生，旅行社和旅游者都无法预见、不可避免。因自然灾害导致行程超出了合同约定，旅行社不能对游客不管不顾，依然负有救助的义务。因自然灾害受困滞留，超出了合同约定的提供食宿的期限，旅行社可以要求游客支付多支出的食宿费用。若只让旅行社承担，显然违背公平原则。案例中，旅游过程中发生地震，因此导致李某等人滞留，旅行社不存在过错。根据法律规定，被围困滞留期间增加的食宿费用，应该由游客自己负担。

法律条文

《中华人民共和国旅游法》

第六十七条 因不可抗力或者旅行社、履行辅助人已尽合理注意义务仍不能避免的事件，影响旅游行程的，按照下列情形处理：

……

（三）危及旅游者人身、财产安全的，旅行社应当采取相应的安全措施，因此支出的费用，由旅行社与旅游者分担。

（四）造成旅游者滞留的，旅行社应当采取相应的安置措施。因此增加的食宿费用，由旅游者承担；增加的返程费用，由旅行社与旅游者分担。

旅行过程中遭遇困难和危险，游客有权要求旅行社提供尽可能的救助。但同时，不能因此加大旅行社的责任。从公平的角度及法律的角度看，旅行社的救助义务不可推卸，但游客应自行承担被围困滞留期间增加的食宿费用。

第9章 社会保障

85. 申请最低生活保障的条件是什么？

案例背景

吴女士是河北某市人，在家附近的医疗器械公司做保洁员，每月收入约1200元。她的丈夫患有尿毒症，需要定期到医院进行透析治疗。14岁的儿子正在读初中，共同生活的还有年迈的婆婆。一家4口人只有吴女士一人有劳动能力，家庭生活条件非常困难。她到所在社区寻求帮助，工作人员称，政府对于生活困难人口给予最低生活保障补助，像吴女士的家庭情况，她可以申请最低生活保障。

学法有疑

吴女士可以申请最低生活保障吗？认定低保对象的基本条件是什么？

法律讲堂

吴女士可以申请最低生活保障。根据我国《社会救助暂行办法》第九条规定："国家对共同生活的家庭成员人均收入低于当地最低生活保障标准，且符合当地最低生活保障家庭财产状况规定的家庭，给予最低生活保障。"同时，我国民政部印发的《最低生活保障审核审批办法（试行）》第四条规定："户籍状况、家庭收入和家庭财产是认定低保对象的三个基本条件。持有当地常住户口的居民，凡共同生活的家庭成员人均收入低于当地低保标准，且家庭财产状况符合当地人民政府规定条件的，可以申请低保。"户籍状况、家庭收入和家庭财产是认定低保对象的三个基本要件。由此可见，当户籍状况、家庭收入和家庭财产同时满足法律要求时，可以向国家申请最低生活保障。在本案中，吴女士一家 4 口人，只有她一人有劳动能力，且每个月工资只有 1200 元，不能达到她所在城市的最低生活保障标准，同时与其共同生活的家庭成员人均收入低于河北省的低保标准，符合申请最低生活保障条件。因此，吴女士可以申请最低生活保障。

法律条文

《社会救助暂行办法》

第九条 国家对共同生活的家庭成员人均收入低于当地最低生活保障标准，且符合当地最低生活保障家庭财产状况规定的家庭，给予最低生活保障。

《最低生活保障审核审批办法（试行）》

第四条 户籍状况、家庭收入和家庭财产是认定低保对象的三个基本要件。

持有当地常住户口的居民，凡共同生活的家庭成员人均收入低于当地低保标准，且家庭财产状况符合当地人民政府规定条件的，可以申请低保。

一句话说法

城镇最低生活保障可以使城镇居民的生活困难得到缓解，当家庭生活确实有困难，在自身积极克服困难的同时，可以找到所在居民委员会寻求帮助，申请城镇最低生活保障。

86. 城镇低保户待业者，可以拒绝参加社会公益服务吗？

案例背景

老张原为某市玻璃厂的职工。2003 年 3 月由于玻璃厂改制，40 岁的老张下岗失业。失业后，老张一直靠领取失业保险金生活。老张虽然具备劳动能力但一直没有找到合适的工作，家庭收入越来越拮据。2013 年 3 月，失业保险金期满，他开始领取失业救济金和城市居民最低生活保障。2013 年夏天，该市创建国家级卫生城市，需要大量志愿者参加公益劳动。社区工作人员多次找到老张，希望他能参加公益劳动，为创建卫生城市助力，但老张以各种借口推托，拒绝参加社会公益服务劳动。

学法有疑

享受城市最低生活保障的待业者，可以拒绝参加社会服务劳动吗？

法律讲堂

享受城市最低生活保障的待业者，不能拒绝参加社会服务劳动。我国《城市居民最低生活保障条例》第十条第三款规定：“在就业年龄内有劳动能力但尚未就业的城市居民，在享受城市居民最低生活保障待遇期间，应当参加其所在的居民委员会组织的公益性社区服务劳动。”在本案中，老张无重大疾病，且刚刚年满 50 岁，具备劳动能力。同时，由于老张享有城市居民最低生活保障，并处于待业状态。根据法律规定，他应当参加其所在社区组织的公益性社区服务劳动，不能无理由拒绝。

法律条文

《城市居民最低生活保障条例》

第十条第三款 在就业年龄内有劳动能力但尚未就业的城市居民，在享受城市居民最低生活保障待遇期间，应当参加其所在的居民委员会组织的公益性社区服务劳动。

一句话说法

每一位公民都是城市的主人，是城市的管理者，我们应当自觉树立起主人翁意识，积极参加社会公共服务活动。并且，对于享受城市最低生活保障的待业者来讲，参与社会服务活动更是回报社会的一种良好途径。

87. 什么样的病人急救费用可以由疾病应急救助基金支付?

案例背景

王大爷是南方某村的村民，患有肺部疾病，在当地几家医院都没能治好，医生建议其到大城市去看看。年初，王大爷的儿子带他到上海治病，刚到医院还未来得及诊治，王大爷突然咯血晕倒。经诊断，王大爷需要马上做开胸手术，否则会有生命危险。但是，王大爷的儿子表示他们已经负债累累，没有钱在大城市做手术，想回家保守治疗。医院了解情况后，建议小王申请医疗救助资金，以解决他们的燃眉之急。

学法有疑

王大爷的急救费用可以由疾病应急救助基金支付吗?

法律讲堂

王大爷可以申请疾病应急救助基金的帮助，王大爷的急救费用可以由疾病应急救助基金支付。根据我国《社会救助暂行办法》第三十二条规定:“国家建立疾病应急救助制度，对需要急救但身份不明或者无力支付急救费用的急重危伤病患者给予救助。符合规定的急救费用由疾病应急救助基金支付。”为了解决部分群众因无力支付医药费而得不到及时救治的问题，我国建立了疾病应急救助制度，健全了多层级医疗保障体系。在本案中，王大爷因患有严重的肺部疾病已经出现咯血的症状，若不及时进行手术治疗，会有生命危险，因此，王大爷的情况符合申请疾病应急救助的法律规定，疾病应急救助基金会支付王大爷的急救费用。

法律条文

《社会救助暂行办法》

第三十二条 国家建立疾病应急救助制度，对需要急救但身份不明或者无力支付急救费用的急重危伤病患者给予救助。符合规定的急救费用由疾病应急救助基金支付。

疾病应急救助制度应当与其他医疗保障制度相衔接。

一句话说法

对于患有急危重伤病却无力支付急救费用的患者，国家给予相应的社会救助。在紧急情况下无力支付急救费用时，可以申请疾病应急救助基金，满足条件的患者可以由疾病应急救助基金支付急救费用。

88. 哪些人可以申请医疗救助?

案例背景

2010年，老吴下岗后一直靠打零工维持生计，身体也每况愈下，2018年不幸患上了慢性白血病。自此，老吴失去了劳动能力，一家人每个月只能靠妻子1000元的工资和老吴的低保金生活。后来由于生活困难，实在无力负担高额的医药费，老吴只能放弃治疗。邻居得知情况后，告诉老吴他还可以申请医疗救助。老吴不知道像他这样的低保户是否有资格申请医疗救助。

学法有疑

老吴可以申请医疗救助吗？哪些人可以申请医疗救助？

法律讲堂

老吴可以向当地医疗保障部门申请医疗救助。根据我国《社会救助暂行办法》第二十八条规定，可以申请相关医疗救助的人员有三类，包括：最低生活保障家庭成员、特困供养人员和县级以上人民政府规定的其他特殊困难人员。以上三类人员在无力享受基本医疗服务的情况下，可以向相关部门申请医疗救助。在本案中，老吴患有慢性白血病，无力支付高昂的医药费，他作为享有最低生活保障的家庭成员，可以向相关部门申请医疗救助。

法律条文

《社会救助暂行办法》

第二十八条 下列人员可以申请相关医疗救助：

（一）最低生活保障家庭成员；

（二）特困供养人员；

（三）县级以上人民政府规定的其他特殊困难人员。

一句话说法

为保障医疗救助对象获得基本医疗卫生服务，我国建立健全了医疗救助制度。国家和社会对因为贫困而没有经济能力治病的公民提供专门的帮助和支持，经济困难群体可以向相关部门申请医疗救助，继续享受基本医疗服务。

89. 医疗救助的方式有哪些？

案例背景

胡奶奶是某市纤维厂的退休职工，工作期间她参加了城镇居民医疗保险。胡奶奶没有孩子，她的老伴儿去世后，她一直独自生活。近年来，胡奶奶身体每况愈下，各种慢性疾病缠身，虽然医疗保险能为她报销一部分医药费，但是微薄的退休工资不足以维持她日常的生活开销和昂贵的医药费。胡奶奶每次提起此事都伤心不已，邻居了解到这种情况，告诉胡奶奶她可以申请医疗救助。但是，胡奶奶对医疗救助的相关信息不是很了解。

学法有疑

医疗救助可以通过什么方式帮助胡奶奶？医疗救助的方式有哪些？

法律讲堂

医疗救助可以在胡奶奶经城镇居民医疗保险支付后，对于她个人难以承担的符合规定的基本医疗自负费用，给予补助。根据我国《社会救助暂行办法》第二十九条第一款的规定："医疗救助采取下列方式：（一）对救助对象参加城镇居民基本医疗保险或者新型农村合作医疗的个人缴费部分，给予补贴；（二）对救助对象经基本医疗保险、大病保险和其他补充医疗保险支付后，个人及其家庭难以承担的符合规定的基本医疗自负费用，给予补助。"也就是说，医疗救助的方式有两种，一种是对个人应缴纳的医疗保险费用给予补贴；另一种是对其他保险支付后，难以承担的符合规定的医疗自费部分给予补贴。

在本案中，胡奶奶享有城镇居民医疗保险，在城镇居民医疗保险报销之外产生的符合规定的基本医疗自费部分，可以由医疗救助予以补贴。

法律条文

《社会救助暂行办法》

第二十九条 医疗救助采取下列方式：

（一）对救助对象参加城镇居民基本医疗保险或者新型农村合作医疗的个人缴费部分，给予补贴；

（二）对救助对象经基本医疗保险、大病保险和其他补充医疗保险支付后，个人及其家庭难以承担的符合规定的基本医疗自负费用，给予补助。

医疗救助标准，由县级以上人民政府按照经济社会发展水平和医疗救助资金情况确定、公布。

医疗救助制度是对特殊困难群众给予医疗费用补助的一种救助制度，通过政府拨款和社会捐助等多渠道设立基金，帮助生活困难的群众解决基本医疗服务需求。生活困难的群众对于因看病用药产生的经济困难，可以通过申请医疗救助帮助解决。

90. 住房救助待遇包括哪些?

案例背景

张某的父母很早就病逝了，张某和其弟张二从小相依为命，张某一直尽心尽力地照顾着弟弟。2018 年，张某和李某相识并登记结婚。婚后，张某和李某共同照顾张二。夫妻二人带着这样一个“拖油瓶”，婚后日子过得非常拮据。如今张二已经成年，二人考虑让其搬出去，自食其力。经邻居提醒，张某找到了当地政府，并向有关部门工作人员说明了自己的困境与请求。工作人员了解了情况后积极的帮助张某解决问题，很快找到了一处闲置房。随即，张二从张某家搬到租用的闲置房中。更值得高兴的是，政府有关部门为了帮助张某一家摆脱困境，不仅为张二找到了便宜的租住房，还为他们提供了租房补助。

学法有疑

张某申请住房救助后，政府提供的租房补助属于住房救助待遇吗？

法律讲堂

租房补助是国家为解决困难群众的住房问题而给予的补贴资助，补贴的形式有按月补贴，一次性补贴等。根据我国《社会救助暂行办法》第三十八条的规定，住房救助通过配租公共租赁住房、发放住房租赁补贴、农村危房改造等方式实施。由此可知，本案中张某领取的租房补助属于住房救助。在实践中，救助对象就地租用闲置房或者公租房的，符合当地租房补贴申请条件的，便可以提出申请。

法律条文

《社会救助暂行办法》

第三十八条 住房救助通过配租公共租赁住房、发放住房租赁补贴、农村危房改造等方式实施。

一句话说法

当我们为租房问题忧心忡忡的时候，不妨寻求政府救助，咨询当地租房补贴的申请条件，当符合申请条件时，应及时寻求政府帮助。

91. 签订廉租房合同未入住的法律后果是什么?

案例背景

夏某一家在某市属于低收入家庭的困难户，一直在寻求房租便宜的小区。夏某经同事指点，打算申请廉租房。2019 年 3 月，夏某在了解了申请廉租房的要求后，便向有关部门提交了申请表以及相关材料。有关部门通过审阅调查及核实后，同意了夏某的申请，决定以实物配租的方式给予其住房保障。于是，双方签订了廉租住房租赁合同。后来，相关部门走访时调查到，夏某在签订合同后，并未到该房入住，且该住房闲置时间已有 8 个月之久。当相关部门询问夏某未入住的原因时，夏某却没有说出任何正当理由。

学法有疑

夏某签订廉租房租赁合同后，未及时入住，有何后果?

法律讲堂

廉租住房的目的是来保障低收入群体的安居生活，但如果已经与住房保障部门签订了租房合同，却不实际入住。对此，我国《廉租住房保障办法》第二十五条作出了明确的规定，城市低收入住房困难家庭不得将所承租的廉租住房转借、转租或者改变用途。城市低收入住房困难家庭违反前款规定或者有下列行为之一的，应当按照合同约定退回廉租住房：（一）无正当理由连续 6 个月以上未在所承租的廉租住房居住的；（二）无正当理由累计 6 个月以上未交纳廉租住房租金的。

具体到本案中，夏某一家因家庭生活困难，本来已经享受到了廉租房保障的好政策。但双方签订租赁合同后，夏某一家在无正当理由的情况下一直未实际入住，且未入住时间已经长达 8 个月。因此，根据上述法律规定，住房保障部门可以根据合同约定，要求夏某退回廉租住房。

法律条文

《廉租住房保障办法》

第二十五条 城市低收入住房困难家庭不得将所承租的廉租住房转借、转租或者改变用途。

城市低收入住房困难家庭违反前款规定或者有下列行为之一的，应当按照合同约定退回廉租住房：

（一）无正当理由连续6个月以上未在所承租的廉租住房居住的；

（二）无正当理由累计6个月以上未交纳廉租住房租金的。

一句话说法

廉租住房本来是以保障低收入群体安居为要义的，但实践中，有些人申请到廉租房并签订合同后却不实际入住。对于此类现象，有关部门按照合同约定是可以要求申请人退回该房屋的。

92. 以骗取方式获得廉租住房的，应承担什么法律后果？

案例背景

孙某在某小学任职心理健康老师，其妻子在一家超市做收银员，二人有一个女儿在上小学上一年级。孙某一家的生活虽算不上富裕，但日子过得也还不错。夫妻二人为了给女儿多攒些钱上最好的中学，处处省吃俭用。一天，孙某在学校和同事聊天时得知了国家廉租住房保障政策不错。于是，孙某便向当地相关部门详细了解了廉租住房的申请条件，得知廉租住房保障政策的申请者限定在低保家庭户时，孙某动起了歪心思。孙某想尽办法精心伪造了一份低保证明后，便拿去到相关部门进行申请。最终，孙某在与相关部门签订了租赁合同，获得了廉租住房。

学法有疑

孙某这种通过欺骗的方式签订廉租住房合同的，最终应承担何种法律后果？

法律讲堂

我国《廉租住房保障办法》第三十条的规定："对以欺骗等不正当手段，取得审核同意或者获得廉租住房保障的，由建设（住房保障）主管部门给予警告；对已经登记但尚未获得廉租住房保障的，取消其登记；对已经获得廉租住房保障的，责令其退还已领取的租赁住房补贴，或者退出实物配租的住房并按市场价格补交以前房租。"本案中，孙某为了得到廉租住房，伪造低保证明，属于欺骗行为。根据法律规定，以欺骗方式获得廉租住房后，应由建设主管部门给予警告，责令其退出实物配租的住房并按市场价格补交以前的房租。因此，孙某应当退出实物配租的住房并按市场价格补交以前的房租。

法律条文

《廉租住房保障办法》

第三十条 对以欺骗等不正当手段，取得审核同意或者获得廉租住房保障的，由建设（住房保障）主管部门给予警告；对已经登记但尚未获得廉租住房保障的，取消其登记；对已经获得廉租住房保障的，责令其退还已领取的租赁住房补贴，或者退出实物配租的住房并按市场价格补交以前房租。

国家为了保障低收入家庭的生活质量，出台了一系列利民政策，公民应该以诚信态度对待，以实际情况去申请。符合申请条件的公民应积极向政府申请，不满足条件的，不要隐瞒有关情况或者提供虚假材料申请，否则应承担对己不利的后果。

93. 哪些人可以得到教育救助?

案例背景

小青今年11岁，正在读小学五年级，小青有个姐姐已经上初中了。今年年初，小青父亲因不幸遭遇车祸成为植物人，家庭的重担全部落到了小青母亲身上。当地有关部门得知此事后，帮他们办理了低保手续。小青的姐姐为了给家里减轻负担，决定辍学帮助母亲一起供养小青和父亲。学校的老师得知小青一家的情况后，感到十分惋惜。为了让她们继续读书，学校老师决定帮助他们申请教育救助。

学法有疑

像小青她们这种在义务教育阶段就学的最低生活保障家庭成员，可以得到教育救助吗？哪些人可以得到教育救助？

法律讲堂

小青她们作为义务教育阶段就学的最低生活保障家庭的成员，符合教育救助的条件，可以根据有关程序申请教育救助。根据《社会救助暂行办法》第三十三条的规定："国家对在义务教育阶段就学的最低生活保障家庭成员、特困供养人员，给予教育救助。对在高中教育（含中等职业教育）、普通高等教育阶段就学的最低生活保障家庭成员、特困供养人员，以及不能入学接受义务教育的残疾儿童，根据实际情况给予适当教育救助。"可见，国家针对义务教育阶段就学的最低生活保障家庭成员、特困供养人员和义务教育阶段以上的这两类人员以及不能入学接受义务教育的残疾儿童都给予适当的教育救助。本案中，小青的父亲因车祸成了植物人，母亲一人承担家里的所有重担，生活非常困难。因此，当地政府为其家庭办理了最低生活保障。而对于她们就学问题，由于她们符合教育救助的申请条件，可以通过救助完成教育。

法律条文

《社会救助暂行办法》

第三十三条 国家对在义务教育阶段就学的最低生活保障家庭成员、特困供养人员，给予教育救助。

对在高中教育（含中等职业教育）、普通高等教育阶段就学的最低生活保障家庭成员、特困供养人员，以及不能入学接受义务教育的残疾儿童，根据实际情况给予适当教育救助。

第三十六条 申请教育救助，应当按照国家有关规定向就读学校提出，按规定程序审核、确认后，由学校按照国家有关规定实施。

一句话说法

国家或社会团体、个人为保障适龄儿童获得接受教育的机会，向贫困地区和贫困学生提供物质和资金援助。对于家庭突发变故，因丧失经济能力而无法提供子女基础教育费用的，完全可以寻求国家的帮助，最终解决他们的受教育问题。

94. 教育救助的措施有哪些？

案例背景

小明很小的时候，他的父母就外出打工了。二人一直在同一家施工单位干活。一天，两人在工地作业，不幸发生意外导致双双去世。年仅10岁的小明只好跟随乡下的爷爷奶奶生活。他们平日里都是以耕地为生，没有其他的生活来源。由于随着爷爷奶奶的年纪越来越大，腿脚灵活度大不如以前，因此家里的生活也越来越困难。很显然，对于这样的家庭条件，小明的教育成了最大的问题，承担上学费用非常吃力。班主任王老师得知此事后，告诉他们可以试着申请国家的教育救助，以缓解生活及学费的压力。小明的爷爷奶奶得知可以申请教育救助这一事情后非常高兴，但他们不知道教育救助是怎么个救助法。

学法有疑

教育救助的措施都有哪些呢？

法律讲堂

教育救助是指通过减免、资助等方式帮助贫困人口完成相关阶段的学业，为他们提供受教育的机会，让他们获得文化技能，最终能够解决他们的生计问题。教育救助按教育阶段划分为很多不同的救助对象，针对这些救助对象的措施更是有很多种，例如，减免相关费用、发放助学金、给予生活补助、安排勤工助学等方式。根据《社会救助暂行办法》第三十四条之规定，教育救助根据不同教育阶段需求，采取减免相关费用、发放助学金、给予生活补助、安排勤工助学等方式实施，保障教育救助对象基本学习、生活需求。这些措施切实保障了生活困难家庭受教育成员获得教育的机会，解决了他们的学习、生活需求困难。本案中，小明由于家庭经济困难，可以申请国家教育救助。小明家申请教育救助后，政府会采取减免相关费用、发放助学金、给予生活补助、安排勤工助学等方式帮助小明完成学业。

法律条文

《社会救助暂行办法》

第三十四条 教育救助根据不同教育阶段需求，采取减免相关费用、发放助学金、给予生活补助、安排勤工助学等方式实施，保障教育救助对象基本学习、生活需求。

一句话说法

为保障公民的受教育权，国家采取了多项教育救助措施。当符合申请条件时，本人（未成年人由其监护人）可以向就读学校提出申请，确保自己的基本学习、生活需求。

95. 低保户待业人员无理由拒绝接受国家工作安排的，可能会承担什么后果？

案例背景

马伯伯因身患重病丧失劳动能力，又需要负担高额的医药费，家庭生活条件十分困难。当地政府根据马伯伯的家庭收入情况及个人申请，为其办理了家庭最低生活保障。去年，马伯伯18岁的儿子中专毕业，因一直没有找到合适的工作而在家待业。社保部门工作人员了解情况后，根据小马的自身条件为其介绍了一份较为适合的工作。但是，小马眼高手低，看不上这份工作。后来，小马又连续多次拒绝社保部门工作人员为他介绍的工作，一直在家游手好闲。

学法有疑

像小马这样的低保户家庭待业人员，无理由拒绝接受国家的工作安排，可能会承担什么后果？

法律讲堂

小马这种低保户家庭待业人员，如果一直拒绝接受国家工作安排的，会导致减发或者停发其本人最低生活保障金的后果。根据我国《社会救助暂行办法》第四十五条规定："最低生活保障家庭中有劳动能力但未就业的成员，应当接受人力资源社会保障等有关部门介绍的工作；无正当理由，连续3次拒绝接受介绍的与其健康状况、劳动能力等相适应的工作的，县级人民政府民政部门应当决定减发或者停发其本人的最低生活保障金。"在本案中，中专毕业的小马具备劳动能力且尚未就业，应当接受社保部门为他介绍的工作。在无正当理由的情况下，小马连续多次拒绝接受当地社保部门介绍的，与其健康状况、劳动能力等适应的工作，县级政府民政部门应当决定减发或者停放小马本人的最低生活保障金。

法律条文

《社会救助暂行办法》

第四十五条 最低生活保障家庭中有劳动能力但未就业的成员，应当接受人力资源社会保障等有关部门介绍的工作；无正当理由，连续3次拒绝接受介绍的与其健康状况、劳动能力等相适应的工作的，县级人民政府民政部门应当决定减发或者停发其本人的最低生活保障金。

一句话说法

具备劳动能力的低保户待业人员，应当主动求职，帮助家庭减少经济负担。对于社保部门介绍的与其个人能力相适应的工作，应当积极接受，无理由拒绝合理工作安排的，国家不会为其生活买单。

96. 国家特困供养的对象是什么？

案例背景

小明今年10周岁，他的父母在一场车祸中去世，只留下他与年事已高的奶奶相依为命。他的父母均为独生子女，没有其他近亲属能够照顾他们的生活，小明的奶奶也没有退休金，祖孙二人只能靠捡废品维持生活。社区人员了解情况后，告诉他们，小明可以申请特困人员供养。

学法有疑

小明能享受特困人员供养待遇吗？特困供养的对象是什么？

法律讲堂

小明可以申请享受特困人员供养待遇。根据我国《社会救助暂行办法》第十四条规定："国家对无劳动能力、无生活来源且无法定赡养、抚养、扶养义务人，或者其法定赡养、抚养、扶养义务人无赡养、抚养、扶养能力的老年人、残疾人以及未满16周岁的未成年人，给予特困人员供养。"由此可知，特困供养的对象为：无劳动能力、无生活来源且无法定赡养、抚养、扶养义务人，或者其法定赡养、抚养、扶养义务人无赡养、抚养、扶养能力的老年人、残疾人以及未满16周岁的未成年人。在本案中，小明为10周岁的儿童，无劳动能力、无生活来源且无其他抚养义务人；同时，作为其法定抚养人的奶奶年事已高，对小明无抚养能力。因此，小明符合享受特困人员供养的条件，可以申请享受特困人员供养待遇。

法律条文

《社会救助暂行办法》

第十四条 国家对无劳动能力、无生活来源且无法定赡养、抚养、扶养义务人，或者其法定赡养、抚养、扶养义务人无赡养、抚养、扶养能力的老年人、残疾人以及未满16周岁的未成年人，给予特困人员供养。

一句话说法

特困人员是低保对象中的“三无”人员，为了切实保障特困人员基本生活，给予特困人员的生活补助原则上要高于低保人员。对于纳入特困人员供养范围的对象，不再适用最低生活保障政策。

97. 特困人员供养包括哪些内容？

案例背景

小朱在少年时因一场事故造成了高位截瘫，他没有娶妻生子，也没有兄弟姐妹。原本和他一起生活的父母相继去世，只留下小朱一人生活。如今小朱无劳动能力，无生活来源，更无人照顾。社区工作人员了解他的现实困难后，为小朱向其所在的街道办事处提出了特困人员供养申请。小朱独自生活有很大困难，他想知道特困人员供养包括哪些方面。

学法有疑

特困人员供养包括哪些内容？小朱能获得生活上的照顾吗？

法律讲堂

根据《社会救助暂行办法》第十四条规定："国家对无劳动能力、无生活来源且无法定赡养、抚养、扶养义务人，或者其法定赡养、抚养、扶养义务人无赡养、抚养、扶养能力的老年人、残疾人以及未满16周岁的未成年人，给予特困人员供养。"同时，该法第十五条第一款规定："特困人员供养的内容包括：（一）提供基本生活条件；（二）对生活不能自理的给予照料；（三）提供疾病治疗；（四）办理丧葬事宜。"根据法律规定，特困人员供养有以上四个方面内容，其中包括对生活不能自理的人给予照顾。在本案中，小朱是独居的高位截瘫残疾人，生活方面多有不便，获得特困人员供养的批准后，他不仅能够获得经济上的帮助，也能获得生活上的照顾。

法律条文

《社会救助暂行办法》

第十四条 国家对无劳动能力、无生活来源且无法定赡养、抚养、扶养义务人，或者其法定赡养、抚养、扶养义务人无赡养、抚养、扶养能力的老年人、残疾人以及未满16周岁的未成年人，给予特困人员供养。

第十五条 特困人员供养的内容包括：

（一）提供基本生活条件；

（二）对生活不能自理的给予照料；

（三）提供疾病治疗；

（四）办理丧葬事宜。

特困人员供养标准，由省、自治区、直辖市或者设区的市级人民政府确定、公布。

特困人员供养应当与城乡居民基本养老保险、基本医疗保障、最低生活保障、孤儿基本生活保障等制度相衔接。

特困人员供养内容既包括经济方面，又包括生活方面；既包括生前医疗，又包括身后丧葬。国家从多方面为特困人员提供帮助，切实解决特困人员的基本生活需求。

98. 特困供养人员的供养形式有哪几种?

案例背景

张大爷夫妇已到耄耋之年，他们的独子已于多年前去世，夫妇二人没有退休金及养老保险，现年事已高，早已没有了劳动能力。由于没有赡养义务人及固定的生活来源，张大爷夫妇经申请被批准为特困供养人员。工作人员考虑到他们年事已高，需要人照顾生活起居，决定将张大爷夫妇二人安排到当地的供养服务机构生活。但是，张大爷夫妇认为他们具备独立生活的能力，在家居住也比较习惯，不愿接受集中供养的安排。

学法有疑

张大爷夫妇可以不参加集中供养安排吗?特困供养人员的供养形式有哪几种?

法律讲堂

张大爷夫妇可以不接受集中供养的安排。我国《社会救助暂行办法》第十九条规定:“特困供养人员可以在当地的供养服务机构集中供养，也可以在家分散供养。特困供养人员可以自行选择供养形式。”由此可见，特困供养人员的供养包括集中供养和分散供养两种形式。张大爷夫妇可以自行选择供养形式，他们身体条件允许的话，可以选择在家分散供养。

法律条文

《社会救助暂行办法》

第十九条 特困供养人员可以在当地的供养服务机构集中供养，也可以在家分散供养。特困供养人员可以自行选择供养形式。

一句话说法

特困供养人员可以自行选择供养方式。对于具备生活自理能力的特困供养人，鼓励选择分散供养。供养服务机构优先为完全或者部分丧失生活自理能力的特困供养人提供集中供养服务。

99. 获得临时救助的情况有哪几种？

案例背景

北方的春季大风干燥，为火灾多发季节。一天，某县突刮大风，山林内由于有人用火不当，引发了较大面积山火，火势很快蔓延到距离山林较近的村民老张家中。老张迅速向同村村民求救，同时拨打了119救火电话。全村村民立即赶来救火，但由于风力较大，人力根本无济于事，等到消防车赶到时房屋已被烧毁。老张家所有生产生活用品被大火毁于一旦，所幸没有造成人员伤亡。经过这场火灾，老张家陷入了严重的经济困难，连基本生活都无法保障。有人给老张出主意，称他可以向国家民政部门申请临时救助以渡过困境。

学法有疑

老张家能获得临时救助吗？获得临时救助的情况有哪几种？

法律讲堂

老张家可以获得临时救助。根据我国《社会救助暂行办法》第四十七条的规定："国家对因火灾、交通事故等意外事件，家庭成员突发重大疾病等原因，导致基本生活暂时出现严重困难的家庭，或者因生活必需支出突然增加超出家庭承受能力，导致基本生活暂时出现严重困难的最低生活保障家庭，以及遭遇其他特殊困难的家庭，给予临时救助。"由此可见，获得临时救助的原因包括：火灾、交通事故等意外事件以及家庭成员突发重大疾病、家庭生活必需支出突然增加超出家庭承受能力等情况。法律列举了几种享受政府临时救助的情况，但并不限于这几种情况，只要是家庭遭遇困难，导致基本生活暂时出现严重困难，当事人都可以申请临时救助，暂时缓解困境。本案中，老张一家遭遇火灾，生产生活用品毁于一旦，属于国家给予临时救助的情形，可以通过向相关部门申请获得临时救助。

法律条文

《社会救助暂行办法》

第四十七条 国家对因火灾、交通事故等意外事件，家庭成员突发重大疾病等原因，导致基本生活暂时出现严重困难的家庭，或者因生活必需支出突然增加超出家庭承受能力，导致基本生活暂时出现严重困难的最低生活保障家庭，以及遭遇其他特殊困难的家庭，给予临时救助。

一句话说法

临时救助，是一种具有应急性、过渡性的救助制度，充分体现了我国社会救助制度的托底线、救济难的作用，可以有效解决我国城乡居民的突发性、紧迫性、临时性的困难。当群众由于火灾、交通事故、突发重大疾病等情况，导致家庭基本生活陷入严重经济困难，可以通过申请临时救助渡过难关。

100. 聚众哄抢救灾物资会承担什么法律后果？

案例背景

夏季是我国南方地质灾害频发的季节。某年6月，我国南方某省H县境内就发生了严重的泥石流灾害，损失惨重：房屋垮塌、人员伤亡、交通瘫痪……被困居民多达几千人，不仅无处安身，甚至断水断粮。当地政府立即启动应急响应，调派挖掘机疏通铁路、陆路交通，向灾区派驻医疗队，同时运送救灾粮食。由于受灾居民已经被困多时，饥饿难耐，当第一批应急食品运送到临时安置点后，受灾群众一哄而上，出现了小范围哄抢救灾食品的状况，造成了短时间的秩序混乱。

学法有疑

聚众哄抢救灾物资会承担什么法律后果？

法律讲堂

聚众哄抢救灾物资是一种违法行为。我国《自然灾害救助条例》第三十一条规定："抢夺或者聚众哄抢自然灾害救助款物或者捐赠款物的，由县级以上人民政府应急管理部门责令停止违法行为；构成违反治安管理行为的，由公安机关依法给予治安管理处罚；构成犯罪的，依法追究刑事责任。"在本案中，受灾群众已经被困多时，身体和精神遭受了巨大的打击，面对救灾食品出现哄抢的现象可以理解。但是，这种行为已经违反了法律规定，给当地社会秩序造成了混乱，给救灾行动带来一定的负面影响。根据法律规定，哄抢救灾物资情节轻微的应立即停止；违反治安管理行为的，会由公安机关依法给予治安管理处罚；如果情节过于严重构成犯罪的，应当追究刑事责任。

法律条文

《自然灾害救助条例》

第三十一条 抢夺或者聚众哄抢自然灾害救助款物或者捐赠款物的，由县级以上人民政府应急管理部门责令停止违法行为；构成违反治安管理行为的，由公安机关依法给予治安管理处罚；构成犯罪的，依法追究刑事责任。

一句话说法

若不幸遭受自然灾害，应当冷静应对，相信政府的应急能力，积极配合政府的救灾行动。救灾物资是紧急向灾区输送的生活必备物品，应按需合理分配。受灾居民要时刻保持头脑的清醒冷静，不要因一时冲动而哄抢救灾物资，给救灾行动制造困难和恐慌。

101. 暴力阻碍执行救灾任务，会承担什么法律后果？

案例背景

某省A县因连续多日强降水引发了严重的洪水灾害，灾区群众的生命和财产安全遭受了严重的威胁，当地政府紧急从邻省调拨救灾物资运往灾区。物资运送车队途径B县一村庄时，遇到村民杜某等人的阻拦，杜某称车队毁坏了自家庄稼，必须赔偿。车队负责人称此批物资为灾区救援物资，需要立即运往A县不能延误，关于他的诉求可以取证后等待相关人员事后处理。杜某等人不听解释，说今天不赔偿就别想离开。后双方发生冲突，杜某等人动手打伤了一名货车司机，车队负责人急忙报警。

学法有疑

杜某等人通过暴力方式阻碍救灾工作人员执行任务，会承担什么法律后果？

法律讲堂

杜某等人通过暴力方式阻碍救灾工作人员执行任务，是一种违法行为，民警会根据他们违法行为的情节，给予治安管理处罚直至追究刑事责任。根据我国《自然灾害救助条例》第三十二条规定："以暴力、威胁方法阻碍自然灾害救助工作人员依法执行职务，构成违反治安管理行为的，由公安机关依法给予治安管理处罚；构成犯罪的，依法追究刑事责任。"也就是说，任何组织和个人，不论什么理由，都不能以暴力、威胁方法阻碍自然灾害救灾人员履行职务职责。如果暴力阻碍行为违反治安管理行为的，由公安机关依法给予治安管理处罚；如果构成犯罪的，要依法追究刑事责任。本案中，杜某等人的诉求可以取证后等待相关部门人员事后处理，但不能通过暴力方式阻碍执行救灾任务，影响救灾整体进度。

法律条文

《自然灾害救助条例》

第三十二条 以暴力、威胁方法阻碍自然灾害救助工作人员依法执行职务，构成违反治安管理行为的，由公安机关依法给予治安管理处罚；构成犯罪的，依法追究刑事责任。

一句话说法

救灾行为是国家和社会为了防止和挽救自然灾害对人类社会造成的损害所进行的救助行为，具有紧急性。面对自然灾害，我们应当有大局观念和服从观念，不能因为计较个人得失而阻碍执行救灾任务，通过暴力方式阻碍执行救灾任务更是违法行为，应坚决禁止。